ROBERT BRASILLACH
et la
génération perdue

Dans la même collection

Les Cahiers du Rocher n° 1
Paul Claudel et la conversion

Les Cahiers du Rocher n° 3 :
Freud et la drogue.

A paraître :

Les Cahiers du Rocher n° 4 :
Pierre Teilhard de Chardin.
Les origines et le devenir humain.

Les Cahiers du Rocher n° 5 :
Montherlant et le suicide.

© Editions du Rocher, 1987
ISBN : 2-268-00551-8

LES CAHIERS DU ROCHER

dirigés par Pierre SIPRIOT

N° 2

ROBERT
BRASILLACH
et la
génération perdue

« *Les événements font plus de traîtres que les opinions.* »
CHATEAUBRIANT.

Editions du ROCHER
Jean-Paul BERTRAND
Editeur

SOMMAIRE

ROBERT BRASILLACH
ET LA GENERATION PERDUE

I
LA FIN DE L'APRES-GUERRE

II
UN HOMME OCCUPE

III
LE PROCES ET LA MORT

BIOGRAPHIE
de Robert BRASILLACH

1909　Naissance le 31 mars à Perpignan.
1912　Embarquement de Robert et de sa mère pour le Maroc.
1914　Mort du père de Brasillach, officier dans l'armée coloniale, en combattant des rebelles marocains.
1915　Entrée en classe à Perpignan.
1918　Remariage de sa mère et départ de la famille pour Sens.
1923　Première collaboration au journal *Le Coq Catalan*.
1925　Hypokhâgne au lycée Louis-le-Grand. Collaboration à *la Tribune de l'Yonne* et premier roman inédit.
1928　Admission à l'Ecole Normale Supérieure. Entrée dans la presse parisienne.
1930　Début des collaborations régulières à *l'Action Française*. *Candide, La Revue Française, la Revue Universelle*.
1931　Parution de son premier libre, *Présence de Virgile* et de de son premier article à *Je suis partout*.
1932　Service militaire à Lyon. Parution du *Voleur d'Etincelles* et du *Procès de Jeanne d'Arc*.
1933　Critique dramatique à la revue *1933*.
1934　Parution de *l'Enfant de la Nuit*. Vacances en Espagne et aux Baléares.
1935　Parution de *l'Histoire du Cinéma* et de *Portraits*.
1936　Parution du *Marchand d'oiseaux*. Rencontre avec Degrelle. Parution des *Cadets de l'Alcazar* et *Animateurs de Théâtre*.
1937　Rédacteur en chef de *Je suis partout*. Conférence Rive Gauche. Parution de *Comme le temps passe*. Congrès de Nuremberg.
1938　Parution de *Corneille*. Voyage en Espagne en pleine guerre civile. Mobilisation.
1939　Parution des *Sept Couleurs* et de *l'Histoire de la Guerre d'Espagne*. Mobilisation.
1940　Captivité en Allemagne. Parution de *Notre Avant-Guerre*. Rédaction des *Captifs* et de *Bérénice*.
1941　Retour en France. Démission du poste de Commissaire au cinéma et reprise de sa fonction de rédacteur en chef de *Je suis partout*.
1942　Parution de *la Conquérante*.
1943　Rupture avec *Je suis partout*. Collaboration à *Révolution Nationale*. Création de *La Chronique de Paris*.
1944　Parution de *Six Heures à perdre* et des *Quatre Jeudis*. Arrestation de sa mère. Brasillach se constitue prisonnier. Fresnes. *Anthologie de la Poésie Grecque. Poèmes de Fresnes*.
1945　Procès et exécution au Fort de Montrouge, le 6 février 1945.

CHRONOLOGIE

1912-1913 Guerres balkaniques.
1914 Première Guerre mondiale.
1925 Publication de *Mein Kampf*.
1928 Pacte Briand-Kellog qui met la guerre hors-la-loi.
1930 Election de 107 députés nationaux-socialistes qui siègent au Reischstag en uniforme nazi.
1933 Hitler chancelier du Reich.
1934 Affaire Stavisky. Emeute, place de la Concorde.
1935 Invasion de l'Ethiopie par l'Italie. Vote des sanctions de la S.D.N.
1936 Réoccupation de la Rhénanie par l'armée allemande. Victoire du Front Populaire en France. Début de la guerre d'Espagne. Axe Rome-Berlin.
1938 Proclamation par Hitler de l'Anschluss avec l'Autriche. Annexion des cantons sudètes. Conférence de Munich.
1939 Invasion de la Tchécoslovaquie, puis de la Pologne. Déclaration de guerre des gouvernements anglais et français à l'Allemagne. Interdiction du Parti communiste en France.
1940 Invasion allemande du Luxembourg, de la Hollande, de la Belgique puis de la France. Défaites françaises. Pétain demande l'armistice. Appel de Londres du général de Gaulle. Signature de l'armistice. Entrevue Hitler-Pétain à Montoire. Début de la politique de Collaboration. Formation de groupes clandestins de Résistance. Début de la bataille d'Angleterre.
1941 Attaque allemande de l'Union Soviétique. Pearl Harbour.
1942 Bombardement anglais des usines Renault à Boulogne-Billancourt. Début du S.T.O. et du maquis. Débarquement anglo-américain au Maroc et en Algérie. Assassinat de Darlan à Alger. Début de la bataille de Stalingrad.
1943 Repli allemand à Stalingrad. Capitulation de l'Allemagne en Tunisie. Débarquement des Alliés en Sicile. Formation à Alger du Comité Français de Libération Nationale sous la présidence du général de Gaulle et du général Giraud qui démissionne en octobre.
1944 Débarquement des Alliés en Italie et en Normandie. Oradour-sur-Glane. Attentat contre Hitler. Libération de Paris.
1945 Effondrement de l'Axe. Découverte des camps de concentration par les armées alliées. Conférence de Yalta du 4 au 11 février entre les trois grands de ce nouveau monde : Roosevelt, Churchill et Staline.

Pierre Sipriot

Brasillach et « la génération perdue »

Dans un apologue chinois, Dieu dit aux hommes :
« Je vous condamne à vivre dans une époque intéres-
sante » — ce qui est intéressant pour Dieu étant souvent malencontreux pour les hommes.

Entre 1914 et 1939, « le crieur de journaux » fut
aussi « important » que le présentateur du journal télé-
visé. « *Edition spéciale* », et l'on apprenait Sarajevo, la
révolution russe, l'occupation de la Rhénanie, la dévalua-
tion du franc, la crise de Wall Street, l'élection de Hitler,
etc.

« La génération perdue », j'ai repris les mots de Ger-
trude Stein. Elle avait la passion de l'ordre : « *perdu* »
Hemingway, journaliste boxeur qui fut le meilleur repor-
ter de son temps. « *Perdu* » aussi F. Scott Fitzgerald
dont la vie est une longue fête. Il méprisait l'argent ;
comme Sénèque, il en avait trop. Perdu Glenway Wes-
cott, qui voulait vivre en Méditerranée, mais le pays
était vraiment trop différent de son Wisconsin natal.

Cette jeunesse américaine était dorée. Les jeunes
Français à côté sont comme des feuilles sur les arbres
ou des vagues sur la mer.

Génération perdue et précaire. La guerre de 1914 a
tué les meilleurs. Elle a rendu les survivants pacifistes
ou au contraire nationalistes ardents. Les orphelins sont

aussi nombreux que les morts : 1 364 000 tués. Robert Brasillach a perdu son père au Maroc. Drieu La Rochelle, blessé deux fois, n'a de la guerre que la conscience d'avoir été pendant quatre ans une bête dans un troupeau de dix millions de veaux et bœufs marqués de leur numéro matricule. Les souvenirs que Giono gardait de l'infanterie étaient simples. A l'arrière, vous êtes pris par les gendarmes qui fusillent le déserteur. En avant, vous avez au moins une chance sur cent d'être fait prisonnier. En 1914, les peuples ne voulaient pas la guerre mais ils ne surent pas imposer leur volonté aux gouvernants, pas plus que les gouvernants ne purent imposer au peuple le complet désir de se battre. « *La discorde chez l'ennemi* », comme l'a écrit le général de Gaulle, détruisit la formidable machinerie de l'armée allemande ; les soldats détestaient trop leurs chefs.

La guerre, on n'en finit jamais avec. Elle entraîna une gérontocratie. Les pères ont enterré leurs fils, ils restent aux affaires pour leurs petits-enfants. Le bourgeois conquérant, ardent, réalisateur, en vieillissant va trouver le progrès fatigant. Bientôt, on travailla moins dans des usines antiques et ruinées.

Faute de troupes, la France ne pouvait pas affirmir sa victoire. « La France ne veut plus avoir qu'une classe sous les drapeaux. Comment voulez-vous que nous occupions le Rhin ? », disait Clemenceau en 1919. De même, à Munich en 1938, les pacifistes perdent la paix car en 1936, quand Hitler a occupé la Rhénanie, le clan belliciste n'a pas été assez convaincant.

L'armée française n'était pas invincible, elle n'était surtout pas celle qui convenait pour une diplomatie d'alliance avec des petits Etats dont l'Allemagne nous séparait. Pour secourir la Pologne ou la Tchécoslovaquie, il fallait entrer en Allemagne avec une armée offensive.

Le maréchal Pétain, en 1921, veut une armée de mouvement avec avions et chars d'assaut ; l'infanterie suit pour occuper le terrain conquis. Dès 1925, Painlevé puis Maginot s'en tiennent à une armée qui restera tapie derrière les frontières.

La politique aussi vacillait. Lénine avait montré que l'*exercice* du pouvoir peut ne faire qu'un avec la *prise* du pouvoir. C'est la révolution menée par un seul parti très centralisé avec, à la tête, un chef autocratique. Ce chef pouvait être une vedette comme Mussolini ou l'homme effacé qu'était Lénine.

Le bolchévisme, dès 1919, crée un formidable Etat international grâce aux réseaux de la confédération socialiste du travail. Face à ce pouvoir mondial qui dessine une Europe horizontale par classes disqualifiant les Etats-nations, Barrès appelle à l'union les républicains sociaux et nationaux pour permettre la stabilité gouvernementale et « les travaux de la reconstitution française ». C'est déjà l'idée d'un gouvernement de Front national que demanderont, en 1936, Gaston Bergery et Marcel Déat.

Le capitalisme avait stimulé l'Europe depuis le XVIᵉ siècle. Il semblait à bout de course car il reposait sur des monnaies stables étalonnées sur l'or. En 1923, on change 400 millions de marks contre sept dollars. Avant la guerre, la monnaie allemande valait 2 dollars 38 cents. Avec Poincaré, le franc, constant depuis Bonaparte, perd les trois-quarts de sa valeur. En 1919, l'Amérique a atteint sa majorité. Elle dispose de 52 % des ressources de la planète pour 6 % de la population mondiale. La production intensive ne s'écoule que grâce au crédit qui encourage des actionnaires à miser au-delà de leurs ressources sur des marchés bénéfiques : l'automobile, les postes radio, les bas de soie, les machines à coudre. Le 24 octobre 1929, la Bourse s'effondre. Il faut « réaliser ». Jusqu'en 1942, date de son entrée en guerre, l'Amérique devra aider 8 millions de chômeurs.

Enfin, la culture bourgeoise élitiste se perd. Le paysan lisait *Les Evangiles* ou *Les Misérables*. L'ouvrier, saisi par la machine et qui vit dans l'inconfort des banlieues ouvrières, va au café. La seule chance pour un fils d'ouvrier de se cultiver est de « faire instituteur » ou professeur. Au moins, il pourra mettre des zéros au fils du banquier ou devenir maire, député, ministre, comme Herriot. Des écrivains comme Jean Guéhenno, Simone Weil parlent de « la condition ouvrière » mais dans la langue du bourgeois — preuve que seule la bourgeoisie les lit. Céline donne l'impression de capitaliser la vie profonde du peuple mais son rêve nihiliste suppose tant de loisirs qu'il n'est lu que par le bourgeois qui boudera *Mort à crédit* et fera de Céline un pamphlétaire car le roman ne paie pas.

« La jeunesse est dure », constate Bernanos en 1930. Elevée dans l'illusion d'un monde entièrement neuf, elle croit à ce qu'elle voit, elle fait nombre et souhaite dépendre d'un ordre où elle retrouve sa force. Au royaume de l'évidence, tout est prêt pour faire apparaître ce qui est subordonné à une révélation, à une magie. Les fêtes du 1ᵉʳ mai à Moscou sauront convaincre les travailleurs qu'ils sont la classe la plus nombreuse ; leur union dans le monde supprimera profit et stocks qui se font sur leur dos. De même en 1937, au Congrès de Nuremberg, la lutte des classes deviendra la lutte des races. Hitler convaincra la jeunesse qu'on peut remplacer le travail par une nouvelle guerre-une-fois-pour-toutes, une guerre qui introduira le peuple allemand au paradis de l'espace vital. Il faut citer aussi l'Italie de Mussolini, le Portugal de Salazar, Mustapha Kemal, Mussert en Hollande, etc. *Le vingtième siècle sera le siècle du fascisme*, peut dire Mussolini.

Comment douter que dans une époque si bouleversée, chacun à son tour ait vécu aveuglément et fait des actes qui se retournent contre lui ? En 1930-1940, un militant est adhérent à un parti qui lui demande en plus de son vote son dévouement et sa foi. Le meilleur communiste ne lâche pas Thorez en 1939 quand il est accusé de désertion. Le collaborateur en 1944 ne s'éloigne pas de la ligne du régime de Vichy qui, pour lui, a été et reste le gouvernement légal de la France. Cruelle destinée mais il est juste qu'il en soit ainsi. Quand on entre dans un parti révolutionnaire, on attend tout du groupe dont on fait partie : le pouvoir *et* la mort [1].

P. S.

---

1. Je tiens à dire toute ma reconnaissance à Luce Fieschi qui m'a autorisé à reproduire les textes que Thierry Maulnier et Jean Anouilh avaient écrits en 1964 pour les *Œuvres Complètes* de Robert Brasillach (Douze volumes au Club de l'Honnête homme).

Sans Anne Brassié, auteur de *Robert Brasillach ou encore un instant de bonheur,* biographie qui paraît en ce moment chez Robert Laffont, ce deuxième numéro des *Cahiers du Rocher* serait moins bien informé. Des auteurs de la revue ont pu lire le texte d'Anne Brassié en manuscrit. Somme biographique qui montre l'enfance de Brasillach, l'artiste et le politique, *Brasillach ou encore un instant de bonheur* n'est pas seulement le seul livre complet qui existe. Anne Brassié a voulu faire rentrer son modèle dans la mobilité de l'humain et la complexité de l'époque, sans rien cacher des excès polémiques.

Enfin, je remercie Suzanne et Maurice Bardèche pour qui Robert Brasillach, sa vie, son œuvre, depuis quarante ans, représentent la part nécessaire de leur vie et qui ont réussi à tirer l'œuvre du silence et de l'oubli.

Pierre Sipriot

Robert Brasillach

ou les mémoires d'un homme en procès.

Pour une critique d'opinion

Un homme donne sa vie à une cause, il y travaille comme un animal forcé avec les œillères de celui qui milite. Pendant ce temps l'histoire repart dans un sens qu'il n'a pas prévu. Elle lui donne tort. Doit-on aborder son œuvre du haut des documents qui, pour la plupart, lui ont échappé et dont se sert en 1986 l'historien de la Seconde Guerre mondiale ? Ne doit-on pas aussi préciser la part d'erreur, de tromperie, d'agitation stérile qui entrait dans l'activité au jour le jour d'une salle de rédaction d'un journal parisien entre 1941 et 1944 ?

Robert Brasillach s'est perdu en ayant confiance. Il a préféré à la leçon qu'il pouvait tirer de son expérience l'obstination d'avoir raison. Etre fidèle à sa parole le couvrait — au moins, il le croyait. Toute sa génération a vécu dans l'idée qu'il fallait faire un choix. La démocratie avait montré ses faiblesses et ses vices, il fallait porter un jugement de valeur sur des régimes forts : choisir entre le fascisme ou le communisme — ces idéologies totalitaires n'apparaissent que comme la triste réalité d'un triste temps. A l'époque, elles s'imposaient.

L'attitude de Robert Brasillach illustre avec beaucoup de vitalité, énormément d'érudition et d'esprit, le désir d'avoir raison de tout, c'est-à-dire le cas typique de « la trahison du clerc ». A l'art ou à la réflexion qui sont neutres, le militant préfère la politique quel que soit le risque. Robert Brasillach était trop sensible et intelligent pour penser toujours que ce qu'il croyait était plus vrai que ce que disait Radio Londres. Pourtant, il a continué avec assurance à affirmer dans ses articles qu'en dehors de ses idées, il n'y avait point de salut.

Robert Brasillach comme Polyeucte est allé loin, en 1944-1945 dans la psychologie du martyr. Après s'être caché, il s'est livré à la police qui emprisonnait sa mère. Toute sa défense a été de dire « non » à ce pouvoir nouveau : le gouvernement provisoire que représentaient ses juges. Il s'est précipité lui-même dans l'arrêt de mort qui l'attendait.

Il faut, pour la comprendre et l'admettre, lire l'œuvre de Robert Brasillach en se souvenant de la passion des idées en 1940-1944, la lire dans une actualité fumante de sang et d'armes. Chaque parti voyait alors dans sa victoire la rénovation du monde. L'intérêt qu'on peut porter à cette époque suppose qu'on retrouve une notion activiste de la collectivité qui se crée des devoirs, perd ses libertés pour agir en force. La vie intérieure, croyait-on, pousse à l'égoïsme et l'inefficacité. Quarante ans de paix en Europe nous ont permis de comprendre qu'il n'en est rien. L'artiste ou le savant qui travaillent seuls sont plus proches des grandes forces créatrices du monde que de nouvelles structures sociales et des lois imposées par la force qui ne tiennent pas compte de la qualité de l'homme. Nous le constatons chaque jour, surtout si on nous l'enlève. Nous poursuivons cette ombre fuyante qu'est notre moi et qui nous paraît toujours l'essentiel. Il n'y a pas de vie à plusieurs qui nous prenne si fort que nous soyons dispensés d'être nous-même. Cette vie intérieure ne se développe que par une conversation permanente avec d'autres vies aussi profondes et qui nous encouragent par un réciproque désir d'intériorité.

Le 8 février 1945, Paul Claudel note dans son *Journal* (tome II, Pléiade) : « Le jeune Brasillach est fusillé malgré l'intervention qu'on m'avait demandée. Il meurt saintement. » Pour Claudel, fort de sa bonne foi, mort en priant, Brasillach a pu espérer l'indulgence de Dieu. La justice des hommes est plus pointilleuse.

Que Brasillach ait été passé par les armes à trente-cinq ans quand Drieu La Rochelle se donnait la mort ; que Céline et Rebatet qui avaient servi les mêmes intérêts fussent soumis à des peines de prison et à la fin retombent sur leurs pieds et publient des chefs-d'œuvre — cela nous oblige à penser, qu'on soit pour ou contre lui, que toute une œuvre virtuelle, latente a disparu avec Brasillach. Il est « le poète assassiné », et il l'a d'ailleurs écrit lui-même à propos de Chénier en donnant avec romantisme plus de valeur à l'écrivain mort qu'à l'écrivain qui doit, chaque année, faire ses preuves : « Les admirateurs et les couronnes dressaient dans l'éternel ce qui sans la mort n'eût peut-être été qu'éphémère. »

L'absence de l'œuvre

Pendant des années, la place laissée à Robert Brasillach dans les études d'histoire littéraire fut nulle ou infime. Ce n'est pas assez qu'il ait payé, il faut aussi que son œuvre disparaisse.

L'obstination de Robert Brasillach à maintenir le cap sur un mauvais choix peut faire hausser les épaules. Mais s'il arrive qu'on s'obstine par bêtise, on peut aussi s'obstiner par point d'honneur social. On peut aussi se dire que le monde tel qu'il est dans un moment donné ne comprend que ce qu'il est lui-même. Dans dix ans ou un siècle, rien ne restera de ces haines, de ces vengeances de la période de l'Occupation et de la Libération. L'attitude de Robert Brasillach pourra paraître exemplaire parce qu'il a refusé de tourner casaque, simplement parce que sa conduite jure avec celle de ses contemporains. Quand on ne saura plus qui a tort qui a raison, quand résistants et collaborateurs deviendront les Armagnacs et les Bourguignons du xxᵉ siècle l'on saura encore la mort de Robert Brasillach comme celle de Jean Moulin, celle du chevalier d'Assas, de Bayard ou d'André Chénier.

Déjà dans la presse de 1986 Robert Brasillach est souvent cité alors qu'il y a vingt ans on n'en parlait jamais parce qu'on avait des remords. Mais si beaucoup semblent penser que sa vie importait plus que de savoir s'il avait tort, ils oublient que ce n'est pas lui qu'on a condamné mais la Collaboration qu'il représentait. Il n'a d'ailleurs pas cessé d'être. Son destin a entretenu un culte longtemps secret, « une église des catacombes » comme l'a dit Maurice Bardèche.

« La dérive fasciste »

Ce qui n'a en tout cas jamais été bien dit, sauf par Maurice Bardèche dans sa présentation de *Histoire de la guerre d'Espagne*[1], c'est que les choix décisifs entre les clans fasciste et antifasciste se firent au mois de juillet 1936. « Dix ans plus tard, en 1946, certains verdicts des tribunaux d'exception de l'épuration furent en réalité le dénouement de haines qui avaient commencé à cette date. » Il faudrait peut-être nuancer car 1936, c'est l'époque aussi du réarmement de la Rhénanie par Hitler. Beaucoup de socialistes et de radicaux devenaient fascistes comme Gaston Bergery et Marcel Déat qui voulaient transformer « le front populaire » en un « front national »[2].

---

1. Robert Brasillach, *Œuvres complètes*, vol. V, Club de l'honnête homme.
2. Voir le remarquable livre de Philippe Burrin, *La Dérive fasciste, 1933-1945* (édit. du Seuil).

L'intervention en Espagne de l'U.R.S.S. puis des puissances fascistes prouvait que tout affrontement civil, où que ce soit en Europe, risquait de se transformer en guerre étrangère. C'est dans ce climat que s'effectua le choix de Robert Brasillach.

Qui la France, prise entre deux fronts, devait-elle prendre pour modèle ? Staline ou Mussolini. Hitler, nouveau venu, passait encore pour un personnage « sans avenir » à la merci de l'armée allemande qui le haïssait. Aussi bien dans le camp de droite de Robert Brasillach que dans la gauche nationale, celle de Gaston Bergery, de Marcel Déat, Bertrand de Jouvenel, on était partisan d'une Quatrième République groupant les énergies dans un parti assez musclé pour pousser les gouvernants aux réalisations. Le modèle était Mussolini. Le fascisme italien ne devait pas être considéré comme « un mouvement de réaction mais d'avant-garde dont les réalisations sociales dépassaient de loin celles de la démocratie française » [3].

Ce qui est curieux dans cette histoire, c'est que les fascistes français n'aient pas pris le plus court chemin qui eût été non pas de chercher à s'allier avec l'Italie et l'Espagne franquiste mais de prendre garde à ce qui se passait en Allemagne où Hitler et son parti « préparaient au marxisme comme à la démocratie une fin digne d'eux ». Un jour ou l'autre, c'était écrit dans *Mein Kampf*, que Robert Brasillach avait lu dès 1933, l'Allemagne poserait à la France un ultimatum à moins qu'on ne retourne la psychologie de l'Allemagne grâce à une volonté de conciliation qui irait jusqu'à la révision pacifique du traité de Versailles. L'idée du retard à combler face aux pays fascistes donnait à la machine sociale mise en place par Mussolini et Hitler une valeur certaine. On vivait à leur merci, ils étaient au pouvoir en Europe. La

---

3. Pacificus, *La Manœuvre pour la paix*. *Le Front*, 24 décembre 1936. Cité par Philippe Burrin, *op. cit.*, p. 226.

République sur son déclin devait à son tour faire sa révolution socialiste : c'est-à-dire livrer toute la production à l'Etat, instituer une hiérarchie nationale tout en se gardant de déifier un homme providentiel et en s'abstenant du racisme, même si Gaston Bergery « comprenait l'antisémitisme tout en le désapprouvant » [4].

L'attachement des Français à leur démocratie, une conception pluraliste des partis politiques où chacun choisissait la gauche ou la droite selon les circonstances, rendaient très difficile la naissance d'un fascisme français. Chez Brasillach comme chez Bergery, le fascisme resta un idéogramme, un projet de société contenant un sens occulte, visible seulement pour ceux qui en rêvaient. Déat et Doriot qui passèrent à l'action ne purent créer qu'un fascisme sans troupe. Robert Brasillach, se ralliant à Mussolini, voulait que la France se comprenne dans son identité en considérant l'Italie moderne, réplique vivante de la Rome antique.

La prépondérance allemande

Pendant ce temps, Hitler mettait dans le même sac les Internationales communistes, les places financières occidentales, la démocratie pour leur vouer la même haine qu'à leur instigateur, le juif « malfaisant », « corrupteur » qu'il avait dénoncé cent fois depuis le 24 février 1920. Entre le 3 mars 1933 où l'Allemagne vota et le 1er mai de la même année s'accomplissait sans coup de force, sous une forme spécifiquement allemande [5], une révolution nationale-socialiste qui fait de l'Etat autoritaire le maître absolu de tout Allemand. A son échelon, quel que soit la ville ou le hameau où il

4. Philippe Burrin, *op. cit.*, p. 237.
5. « Le premier numéro de *Je suis partout*, qui est de novembre 1930, déclarait que Hitler n'avait pas un programme différent du programme profond de l'Allemagne — sauf sur un point : le succès. » Note de Robert Brasillach dans *Notre avant-guerre*.

vit, chaque citoyen doit servir à l'édification du grand Reich millénaire. Le peuple allemand comme les autres croyait que la liberté est un bien qu'on lui refuse. La liberté pour Hitler ne peut pas être conquise si elle n'est pas un moyen que le peuple allemand fixe collectivement à l'Etat. Les buts de l'Etat sont simples : maintenir la race, en développer toutes les facultés, en faire le centre de la vie collective, veiller à ce qu'elle reste pure, aider les familles prolifiques. Ainsi l'Allemagne arrivera lentement et sûrement à une situation prédominante dans le monde.

Il fallut la défaite de 1940 pour que Hitler soit le révélateur qui fasse apparaître ce qu'était réellement son fascisme dont les partisans, en France, avaient une idée locale, c'est-à-dire nuancée, différenciée, appartenant encore à une tradition française. Intoxiqué ensuite par l'optimisme officiel des milieux de la collaboration qui vantaient les liens culturels franco-allemands, Robert Brasillach en 1941, à peine sorti de son camp de prisonniers, n'a pas compris l'humanité termitière et terrifiante que les nazis imposaient à leurs hommes de confiance : S.S., Gestapo, police de Goering, chargés de soumettre les pays occupés pour le plus grand profit d'une caste que Léonard Simoni, attaché à l'ambassade d'Italie à Berlin, décrit, le 8 août 1940, comme le gouvernement le plus taré, le plus répugnant depuis le Bas-Empire. « Ces hommes sont à la fois méprisés et aveuglément suivis par le peuple. » Encore une fois, on s'étonne que les Allemands se soient plus à voir un lien entre eux et la flamme sinistre d'un régime qui se comparait lui-même à un « baril de poudre ». La loi suprême de l'action devenait *le sang et le fer, le sang et l'honneur* devise des jeunesses hitlériennes.

En 1936, Brasillach voulait enraciner le fascisme dans une tradition française pour exprimer le caractère de son pays avec toute sa fierté, son autorité, son ambition. En 1941, son enracinement est devenu un enfermement dans un cauchemar dont il n'a jamais soupçonné la dureté. Les slogans par lesquels il défiait, en 1937, le communisme et les juifs et qui avaient le sens de « la France aux Français », « acheter Français », « les maisons de campagne ne doivent pas changer de main » — ces mêmes slogans répétés en 1942 prennent sans qu'il s'en doute un autre sens dans l'Europe des proscriptions. Il faut dire que le système de terreur et la machinerie de police d'Etat avaient été mis en place dans le plus grand secret. L'oppression devait être « brutale, glaciale, silencieuse ». C'est dans le mystère de cette logique de la violence que Brasillach fut embringué sans le savoir. Il ignorait que Goering avait dit à ses hommes : « Toute balle tirée par le canon d'un pistolet de la police est une balle tirée par moi. » Il ignorait que pour faire partie des organisations de S.S. ou de troupes d'assaut, il fallait faire sauter une synagogue ou un quartier juif ; qu'il fallait torturer et exterminer les ennemis vrais ou supposés du régime, ruiner la France qu'il fallait « presser comme l'orange jusqu'à faire péter les pépins », etc.

La légalité du gouvernement de Vichy

La *légalité* du gouvernement du maréchal Pétain et son empressement auprès du vainqueur entretenaient l'équivoque. En 1942, le pays n'écoutait pas les consignes de Vichy, il fallut les rendre voyantes. La France se couvrit d'affiches disant que « la génération présente était sacrifiée », que « la Révolution nationale avait besoin d'apôtres et de martyrs ». L'entrée en guerre de l'Allemagne contre l'U.R.S.S. bénéficia du patronage de toute la presse, même la plus anti-allemande, qui « engagea » à cette occasion les plus grandes signatures. Tout le monde, sans s'occuper de savoir qui serait le vainqueur, trouvait que le nazisme ne pouvait rendre de meilleur service que d'entreprendre cette guerre contre le grand pays communiste ; à la limite, on avait besoin des Allemands pour ce combat terrible. Le 16 décembre 1941, la création de la Légion des Volontaires français antibolchéviques fut saluée par le cardinal Baudrillart comme « l'union des vieux peuples chrétiens et civilisés qui défendent leur passé, leur avenir aux côtés des armées allemandes ». Et le maréchal Pétain reconnaissait dans ces soldats en uniforme allemand « l'honneur de la France ».

Le maréchal l'avait dit dans un discours de septembre 1942 adressé aux jeunes officiers : « Nous sommes des vaincus. Ce qui nous dispense d'avoir des prétentions. » Autrement dit, il fallait se donner tout entier au vainqueur par remords et dans l'humilité en suivant Hitler qui, lui, ne cachait pas qu'il détestait les Français. Un proverbe chinois cité par Paul Claudel résume bien la collaboration : « Quand quelqu'un te crache à la figure, ne t'essuie pas de peur qu'il ne croie que son crachat te dégoûte.[6] » Une propagande savante entretenait la confiance de cette jeunesse collaboratrice dont Robert Brasillach était le représentant le plus illustre. On laissait croire que Hitler saurait tenir tête à « l'effroyable danger soviétique ». Il aurait recours à la guerre des gaz — c'est ce qu'on disait en 1942. En 1943, on commença déjà à parler d'une guerre atomique ; en même temps on préparait dans le camp allemand les fusées à longue portée qui bombarderont Londres l'hiver 1944-1945.

Il y aura bientôt quarante ans qu'on a rendu à l'Allemagne son droit à exister, son droit à l'espoir pour que l'Europe retrouve son équilibre. Il est étrange que dans un monde où l'Allemagne a été si vite lavée des crimes qu'elle a commis, Robert Brasillach seul ne soit pas guérissable.

---

6. « *Les avantages* [pour la France] seront en proportion de nos charges, de notre sacrifice et de notre manière de les accepter », disait Pierre Laval à l'Hôtel Matignon en novembre 1942 au cours d'une conférence de presse.

Jugé en août 1945, Brasillach n'aurait pas été condamné à mort comme il le fut dans la France en guerre. En janvier 1945, quand s'ouvre le procès, l'offensive allemande dans les Ardennes inquiète encore Paris. Les V2 menacent les grandes villes. Toute trahison avec l'ennemi a ses règles implacables. Elles furent appliquées un temps. Si de 1944 à 1953 on fait le bilan des procès de collaboration, sur les 18 755 personnes citées, 15 639 accusés étaient en fuite. 80 % des jugements se terminèrent par des non-lieux. On compta 493 condamnations à mort dont 400 par contumace. Sur les 93 condamnés « définitifs », 55 ont été exécutés [7].

Présence de l'œuvre

L'œuvre de Robert Brasillach a donc connu une période de silence total à peine rompue en 1949 par une édition à Genève de *Morceaux choisis* rassemblés et présentés par M.-M. Martin. Pour les *Œuvres complètes* en douze volumes annotées par Maurice Bardèche et publiées au Club de l'Honnête Homme, il fallut attendre 1963-1964. De même l'exploitation de trois titres en livre de poche, les éditions chez Plon d'œuvres connues ou inédites. En fait, la première publication qui, après 1945, écrivit régulièrement le nom de Robert Brasillach fut en 1950 les *Cahiers des Amis de Robert Brasillach* que dirige Pierre Favre. Ces Cahiers sont « le moyen de communication de " l'Association des Amis de Robert Brasillach " fondée le 18 décembre 1948 », écrit Maurice Bardèche. Tout rituel a ses vertus. L'effort des « Cahiers » publiés une fois par an, rendait à l'actualité Robert Brasillach. Vingt-cinq ans après sa mort, le

---

7. On trouve ces chiffres dans Albert Camus-Arthur Koestler. *Réflexions sur la peine capitale*. Introduction et étude de J.-M. Bloch (édit. Calmann-Lévy, coll. Agora).

7 février 1970, le journal *Le Monde* lui consacrait plusieurs pages.

« *Sauver Brasillach* »

« Sauver Brasillach », c'est à quoi s'employait dans *Le Monde* Pierre-Henri Simon, de l'Académie française. Le sauver mais dans quel état ? Comme l'écrit une universitaire allemande, Margarete Zimmermann, on peut toujours présenter Brasillach « morcelé », c'est-à-dire « négliger ses écrits politiques souvent dénonciateurs pour se concentrer sur les seuls textes littéraires ».

On doit faire des réserves sur cette dissociation du politique et du littéraire. Maurice Bardèche dans son admirable édition du Club de l'Honnête Homme cite tout sauf les articles politiques de *Je suis partout* avant 1941. Il a raison. Robert Brasillach s'est peut-être interrogé sur la cause qu'il défendait. Le chemin qu'il prenait dans *Je suis partout* puis à partir de 1943 dans *Révolution nationale* lui a paru chaque semaine plus étroit, plus impraticable. L'Europe qu'il souhaitait allait au désastre. Mais il n'a jamais perdu sa certitude d'avoir à lutter contre le bolchévisme. Il est mort persuadé qu'il ne pouvait s'accomplir qu'en bon compagnonnage avec le peuple allemand, « complètement guéri de la maladie démocratique ». A ce peuple allemand il se sent plus attaché à mesure de ses revers. Rien de morbide pourtant chez Robert Brasillach. Anne Brassié a raison : seul comptait pour lui *le bonheur intime*[8]. Une autre forme de *bonheur* attendait la vieille civilisation européenne une fois détruit comme disait Hitler « le germe infectieux » du bolchévisme et « le foyer juif »

---

8. Anne Brassié, *Robert Brasillach ou encore un instant de bonheur.*

des démocraties c'est cette joie « qu'on peut déclarer abominable, infernale » que Robert Brasillach invoque à la fin de *Notre Avant-Guerre*. Pourquoi Brasillach n'a-t-il pas entendu la parole de Sénèque pour la citer à ses amis allemands : « Vous avez beau entasser leurs cadavres, vos successeurs ne seront pas des vôtres. » C'est aussi une chose inouïe que Brasillach ait vu le bonheur marcher joyeusement, bras dessus bras dessous avec le fascisme.

En fait, Robert Brasillach, à trente ans, a remplacé le bonheur de son enfance par la neurasthénie de l'ordre le plus implacable. Il rêvait depuis 1936 d'un fascisme à la française où chaque individu se sentirait en permanence mobilisé au sein de la communauté nationale personnifiée par un Chef mettant à son service les qualités de discipline mais surtout d'élan, d'enthousiasme, de foi dont la France de la bataille de Verdun avait été capable. L'ambition des fascistes n'était pas de mobiliser comme dans la chanson de Maurice Chevalier « de bons Français qui marchent au pas » mais des militaires ardents, des guerriers joyeux. Cela ne se ferait pas sans l'établissement d'un socialisme démocratique dans une société unanimiste. L'on trouverait des formules satisfaisantes pour tous de solidarité nationale. Les fascistes de gauche et de droite étudiés par Philippe Burrin, et qui disent à peu près tous la même chose, cherchent moins des modèles étrangers qu'une réponse française à la crise politique, économique et sociale des années 1930-1940. Jusqu'en 1940 où se posa la question de la collaboration donc de l'alignement sur l'Allemagne, ce fascisme français de Marcel Déat, de Gaston Bergery et de Brasillach déplorait l'inertie des démocraties qui se figeaient dans des positions défensives et conservatrices face à des adversaires qui avaient « toutes les apparences du dynamisme et de l'esprit révolutionnaire ». « Un socialisme national de type original donnerait à la France ce qui apparaissait comme le succès du fascisme : l'unité et la cohésion nationale, le sens communautaire [9] ».

Inutile de dire que la défaite de 1940 comme le montre plus loin Claude Paillat [10], loin d'effacer le gâchis par plus de rigueur et d'honnêteté, créa une collaboration d'affaires bien loin des forces morales dont Déat et Brasillach réclamaient l'application. Le marché noir, les Allemands eux-mêmes l'avaient favorisé. Le traité d'armistice autorisait le pillage économique de la France par la réquisition des stocks, une indemnité de frais d'occupation de 20 millions de marks par jour au taux de 20 francs pour 1 mark, à quoi s'ajoutaient les frais de cantonnement pour 18 millions de soldats — coût 400 millions. Tout cet argent permit des achats réalisés par le truchement de centrales d'achat françaises qui expédiaient en Allemagne toutes les productions agricoles de la métropole et des colonies, du riz, du cacao, café, arachides, caoutchouc. On assista à une véritable extermination de nos richesses. Le patrimoine national subissait un affaissement comme s'il était en proie à des colonies de fourmis transportant meubles, tableaux, tapis, parfums, objets en cuir. Le seul bureau Otto de 1942 à 1944 engagea dans des achats de luxe sans rapport avec les besoins militaires 50 milliards de francs. Pendant ce temps, les Français étaient privés de tout, mangeant peu, mangeant mal. « Ils sont trop gros », constatait Goering. « Il faut piller leur pays, et rondement. » Le libre-service ouvert à l'armée allemande priva la population française de la moitié de sa production agricole.

---

9. Philippe Burrin, *op. cit.,* p. 276.
10. Le livre de Claude Paillat sur l'Occupation, 6ᵉ volume des *Dossiers secrets de la France contemporaine,* paraîtra en octobre 1987 chez Robert Laffont sous le titre *Première époque 25 juin 1940-8 novembre 1942 ; Le Pillage de la France.* Voir l'article de Claude Paillat page 127 de cette revue.

« Le terrible secret »

Brasillach et les écrivains de la collaboration sont-ils responsables du sang, des cendres, de l'horreur des camps de la mort ?

Ce crime, c'est « l'imprescriptible » comme l'a écrit Vladimir Jankélévitch [11]. C'est le péché qu'on ne peut effacer et sur lequel il faudrait se taire car il annule tout l'effort de la civilisation judéo-chrétienne pour faire de l'homme naturellement sauvage et brutal un enfant de Dieu heureux avec son absurde enthousiasme et son inutile foi. Ces victimes des camps, le monde les a laissés mourir transis, hagards, dans les ténèbres dont ils étaient entourés.

« L'imprescriptible », c'est aussi « l'indescriptible ». Devant ces squelettes en guenilles et qui bougeaient à peine sous des tas de morts, les soldats alliés en mai 1945 n'en crurent pas leurs yeux. Personne non plus n'avait voulu croire ceux qui, dès 1942, avaient eu connaissance de « la solution finale ». L'un des témoins se suicidera ; il n'avait pu convaincre le gouvernement américain.

Rédacteur en chef de *Je suis partout* sans trop s'occuper lui-même des détails, Robert Brasillach laissa s'établir dans son journal un antisémitisme effrayant. Il écrivit lui-même des articles bien conçus pour éveiller la bête qui sommeille dans tout nationaliste jaloux. Le 2 juin 1941, on lit sous sa plume : « Oui, nous voulons sauvegarder la race française, la protéger des ferments nocifs qui l'encombrent et l'avilissent. Nous voulons qu'il y ait en France des Français et sans xénophobie sotte et nuisible, que les Français dirigent leur pays. » Pendant plusieurs mois, les collaborateurs de *Je suis partout*, terroriseurs minutieux, repérèrent les noms

---

11. Vladimir Jankélévitch, *L'Imprescriptible* (édit. du Seuil).

sémitiques dans les professions les plus en vue. Ce que les Allemands assenaient à leurs victimes, les journalistes commençaient à le savoir. Le gouvernement français était au courant depuis l'été 1942. Tout juif déporté était livré au seigneur de la guerre qui avait le pouvoir de le faire souffrir et de le tuer. Un aryen devait sans arrêt être occupé de tuer un juif, c'était là son honneur. A la fin de la guerre, 76 000 juifs sur les 300 000 recensés en France en 1940 avaient été déportés. Moins de 3 % ont survécu. Laval, par inconscience, avait suggéré aux Allemands de déporter les enfants abandonnés pour ne pas « séparer les familles [12] ». Brasillach accepta aussi ce pari : on pouvait tuer des hommes ; on ne pouvait pas tuer des familles. En fait les enfants furent laissés seuls à Drancy d'où ils partirent un jour pour un pays mystérieux, « Pitchipoi », où ils devaient retrouver leurs parents. 11 000 ont été déportés. Aucun n'est revenu. Robert Brasillach décida de démissionner de *Je suis partout* le 16 octobre 1943. Il ne voulait pas satisfaire plus longtemps ce goût de la tuerie au maximum qui s'emparait des chefs nazis.

A la fin 1943, « le terrifiant secret » dont parle Walter Lequeur [13], il n'y avait pas seulement les officiers allemands comme Jünger qui le connaissaient. Le monde libre savait : Roosevelt, le pape, la radio de Londres. Ils s'accordaient dans le silence. Les radios anglaises ou américaines ne pouvaient concentrer leur propagande sur une seule religion, une seule communauté. Partout, en Europe, des populations étaient envahies, déplacées et mouraient de faim et de froid. Il fallait que les mobilisés alliés ne pensassent pas qu'on faisait seulement une guerre juive comme le clamait la radio allemande. L'em-

---

12. En face des Allemands, Laval a toujours fait l'empressé. Dès 1940, sans en parler au maréchal Pétain, il propose à Walter von Brauchitsch l'appui stratégique des bombardiers français dans la bataille d'Angleterre.
13. Walter Lequeur, *Le Terrifiant secret* (édit. Gallimard).

blème de la guerre, c'était la libération du monde libre sans distinction. Il fallait en convenir, nulle pitié n'était à espérer des nazis. On ne pouvait pas échanger des morts contre des morts. Des représailles auraient dépassé leur but. Quelqu'un eut l'idée saugrenue de bombarder l'entourage des camps ; drôle de manière de dire aux déportés « Ne craignez rien, nous sommes là ». L'anéantissement des installations aurait précipité les massacres ailleurs.

Le silence des gouvernements alliés fut souvent évoqué dans les procès de collaboration. Brasillach n'eut pas à répondre à ces accusations. En janvier 1945, quand il fut jugé, les S.S. des camps n'ont pas encore été surpris dans leur travail d'humiliation, de terreur et d'assassinat.

Le ciel comme du fer et la terre comme de l'airain

Dans l'étude citée plus haut, Margarete Zimmermann a fait le tour des mots qui décrivent les relations entre l'intellectuel collaborateur et le fascisme. Ces mots sont « tentation » et « séduction ». Le choix fasciste en ce sens échappe à la raison. Les défilés à Venise d'avant-guardistes fascistes de quinze à vingt-cinq ans, « les groupes de S.A. en uniforme brun qui passent éclairés par la lueur des torches » avant le Congrès de Nuremberg de 1937, avaient quelque chose de provocant pour un nationaliste français comme Brasillach. Cette animation de la multitude était tout de même « *un spectacle prodigieux* [14] ». Entre la culture et une masse d'hommes qui n'en avaient pas hérité, s'établissait une réconciliation, une assimilation que seules les fêtes de la Révolution française (Fédération - Etre suprême) avaient su

---

14. Robert Brasillach, *Notre avant-guerre.*

réaliser. Les fêtes nationales-socialistes ressemblaient à un essaim en état d'exaltation. Ernst Jünger emploie le mot « schwärmen » qui implique trois choses : « un rythme de vie accéléré, des assemblées, la périodicité ». Le rythme de vie ou la vibration devenaient tels qu'on peut les observer chez les moucherons. « Une force supra-individuelle fait accéder les êtres à l'espèce. [15] »

Robert Brasillach assista au Congrès de Nuremberg du 6 au 13 septembre 1937. Il s'est bien rendu compte que ces fêtes mettaient en scène une foi nationaliste exacerbée. Au pays du chômage endémique depuis 1919, le travail était mis au rang des vertus, surtout si l'on était terrassier ou cultivateur. Des hommes s'en glorifiaient. Citons Robert Brasillach : « A l'appel des chefs politiques :

— Etes-vous prêts à féconder la terre allemande ?

Les hommes de l'*Arbeitskorp*, par rangs de dix-huit, répondaient : « Nous sommes prêts ». Ils présentaient leur pelle « et la messe du travail commence ». Tout de suite après, c'est l'entrée de Hitler dont le cortège est « entouré de païennes splendeurs ». Des milliers de projecteurs le cernent, comme une cage mystérieuse : on les verra briller toute la nuit de la campagne, ils désignent le lieu sacré du mystère national, et les ordonnateurs ont donné à cette stupéfiante féérie le nom de *Licht-dom*, la cathédrale de lumière. »

L'édition complète de ce texte établie par Maurice Bardèche pour le tome VI du Club de l'Honnête Homme, prouve que Robert Brasillach ne s'est pas trouvé à Nuremberg dans une communauté avec laquelle il était en plein accord. Il s'est laissé envahir par la part de beauté, mais il constate que « l'histoire humaine ne reste pas longtemps un spectacle ». Robert Brasillach sait que toute grande fête collective annonce des zones de feu

---

15. Ernst Jünger, *Second journal parisien*, tome III, 1943-1945 (Christian Bourgois éditeur).

et de destruction. Déjà sur le chemin allant à Nuremberg, Robert Brasillach avait pu visiter des expositions
montrant des stéréotypes très grossiers. Il fallait insister,
caricaturer, fausser les faits pour prouver la bêtise et
la misère des populations soviétiques qui croyaient
encore qu'elles allaient voir apparaître le socialisme sur
la terre. D'autres salles dégradaient les titres maçonni-
ques. Que signifie « Sublime prince du Royal Secret » ?
— Enfin, si Jésus était admis, c'était comme « Aryen
mis à mort par les juifs ». Ces juifs que, jusque dans les
petits villages, on traitait « avec une politesse contenue » : « Les juifs ne sont pas souhaités ici » écrivaient
les aubergistes sur leur porte.

« *Tentation* », « *séduction* », ces deux mots cités par
M. Zimmermann résument ce que des critiques comme
J. Remeize, Pierre de Boisdeffre, J. Turlan ont dit.

Ne retenir que ces mots, ce serait accréditer le sentiment d'un duo au battement ineffable entre Brasillach
et « ce spectacle grandiose ». En fait, si on relit les textes
de *Notre Avant-Guerre* dans l'édition du Club de l'Honnête Homme, on tiendra compte de deux phrases :

— « C'est parce que ces cérémonies et ces chants
signifient quelque chose que nous devons y faire attention — et nous tenir sur nos gardes. »

— « Pour nous, qui assistons en spectateurs, en infidèles admis à prendre leur part de la beauté mais non
du sacrifice, il faut d'abord bien nous pénétrer de cette
pensée, que l'apparence n'est pas tout, et qu'il faut
aller au-delà. »

Autrement dit, dans ce Congrès dédié à la jeunesse :
« Qu'elle est belle notre jeunesse ! avait dit Hitler. C'est
vraiment la renaissance d'une nation qui s'est faite par
la renaissance d'un homme nouveau » — il y avait un
appel au sacrifice. Cette voix menaçante se retrouve
dans le texte de Brasillach qui a la mélancolie sinistre
de la nuit qui tombe sur l'Europe.

Le fascisme de Robert Brasillach

Selon Margarete Zimmermann, en 1976 un chercheur suisse, P. de Sernaclens, a publié un article, *Brasillach. Le fascisme et l'Allemagne. Essai d'interprétation* [16]. Ce texte a le mérite de faire un effort de mémoire sur l'enfance de notre auteur. La constellation familiale prend alors toute son importance. Privé d'un père mort dans l'armée coloniale au Maroc, Robert Brasillach n'a fait que suivre l'exemple du père héroïque comme le personnage de Michel Host, prix Goncourt 1986 [17]. Le fascisme a voué un culte aux héros. Ancien combattant, gravement blessé, Hitler était « *le soldat inconnu* » de l'Allemagne. Il y a chez Robert Brasillach des convictions héroïques acquises dès la jeunesse et sur lesquelles il ne reviendra jamais. Un remarquable essai de Saül Friedländer [18] montre dans l'imaginaire nazie d'abord un projet « kitsch » très sentimental comme l'étaient les guerriers du Moyen Age tombant en larmes dans les bras l'un de l'autre. En même temps, on assiste dans l'horreur à une sécheresse étrange, contre nature. Il n'y a rien de tel que les rêves utopiques pour détruire l'humanité car ils s'imposent par la violence.

Autre idée force, Robert Brasillach a tellement aimé sa jeunesse et la jeunesse en général qu'il s'est senti étroitement lié à « une apothéose des jeunes dans les régimes fascistes ». La Troisième République lui paraissait par contraste « périmée et grise ».

Etudiant l'œuvre de fiction de Robert Brasillach, Margarete Zimmermann a repéré des constantes [19].

---

16. « Les Relations franco-allemandes 1933-1939 ». Colloques internationaux du C.N.R.S. sous la direction de G. Dreyfus. Strasbourg, 7-10 octobre 1975. Editions du C.N.R.S., Paris, 1976.
17. Michel Host, *Valet de nuit* (édit. Grasset).
18. Saül Friedländer, *Reflets du nazisme* (édit. du Seuil).
19. Sur l'œuvre de Robert Brasillach romancier, on lira dans ce *Cahier* le texte de Bernard George, p. 94.

I — « Le culte du chef qui traduit aussi bien une pensée autoritaire qu'un sentiment de regret face à l'absence d'un fürher français ».

II — « Une adhésion à la guerre tout en critiquant certaines formes prises par la guerre moderne ».

III — « La nostalgie de la communauté masculine loin du contact dépravant avec les femmes ».

IV — L'idée de « l'état de siège ». « Le fascisme français s'est vu comme une minorité qui doit se défendre contre les assauts d'une majorité ennemie ».

V — Enfin, une conception traditionaliste de la littérature qui s'opposait aux expressions novatrices des surréalistes.

On ne peut qu'acquiescer à cette façon de réintroduire l'idéologie fasciste dans la conscience ou le subconscient de Robert Brasillach. Son fascisme fut à la fois une défense et une mode. En même temps, ce fut le lieu où s'enchevêtraient le plus grand nombre de malentendus. Comment voir grand pour son pays et être si humble devant tout ce que la France a apporté de liberté et de conscience au monde, successivement par le christianisme, par l'humanisme, par la Révolution française ? Peut-on se dire nationaliste et laisser mettre la main sur la France et la voir glisser au rang de nation satellite ?

Les réponses à ces questions, on les trouve dans le livre le plus neuf, le plus complet écrit sur « les fascismes » par Pierre Milza [20] : « Chez Brasillach, dit l'auteur, on trouve une vision lyrique de la nation purifiée et régénérée débouchant inévitablement sur le racisme, l'amour de la force et de la jeunesse, l'adhésion aux postulats du national-socialisme, l'oubli de soi dans la ferveur du groupe. Et aussi un attachement viscéral à un passé idéalisé et poétisé qui n'est pas seulement celui

---

20. Pierre Milza, *Les Fascismes*. Collection Notre Siècle dirigée par Jean-Baptiste Duroselle (édit. de l'Imprimerie nationale).

de la France, mais déjà celui d'un européanisme occiden-
tal conçu comme un refuge des valeurs spirituelles face
aux deux géants matérialistes que sont la Russie et
l'Amérique anglo-saxonne. » La défaite, selon Pierre
Milza, ne fit que cristalliser chez Robert Brasillach un
ensemble de fascisations dont les années d'avant-guerre
ne lui avaient montré que des rudiments : « Les fascistes français en sont restés au premier fascisme. Ils se
sont laissés prendre au mirage socialisant du nazisme
sans voir quelle était la véritable nature de l'hitlérisme ;
ou sans vouloir la regarder en face. Coupés des masses,
en froid avec Vichy, rejetés par conséquent par la quasi-
totalité de la communauté nationale, ils trouvaient un
refuge dans l'idée parfaitement utopique de l'Internationale fasciste dans une Europe débarrassée à la fois du
communisme et du capitalisme. »

Le fascisme de Robert Brasillach est celui d'une
« équipe sportive » qui se mêlerait de vie sociale et vou-
drait faire régner la justice par la force [21]. Sous l'influence
de Georges Sorel, Brasillach a vécu l'histoire comme un
mythe, c'est-à-dire une représentation de la société et du
monde. Face au marxisme, le fascisme se présentait
comme un autre moyen d'agir sur le présent.

P. S.

---

21. Sur ce thème, il faut lire le roman de Robert Brasillach,
Les Sept couleurs.

Peter Tame

La mystique du fascisme dans l'œuvre de Robert Brasillach

Vient de paraître aux Nouvelles Editions Latines *La Mystique du fascisme dans l'œuvre de Robert Brasillach*. Nous citerons l'introduction de cette œuvre d'un universitaire anglais, Peter Tame, professeur de littérature française à l'Université Royale de Belfast. Son étude, très riche et très complète, est celle d'un homme qui n'est ni un apologiste ni un partisan mais qui, par son âge et sa nationalité, n'a pas été engagé dans les discordes politiques provoquées par la Seconde Guerre mondiale.

Son examen de l'œuvre de Robert Brasillach le conduit à cette conclusion que le fascisme n'a pas été pour Brasillach une doctrine politique mais une attitude devant la vie. Brasillach se méfie des doctrines, il sait que les militants purs et durs sont des êtres dangereux.

L'auteur montre que Brasillach admire l'énergie et la force que les expériences fascistes ont données à leurs peuples à une époque où d'autres pays se révélaient économiquement faibles et divisés. La position politique de Brasillach pendant l'Occupation n'a pas été, selon Peter Tame, celle d'un idéologue, elle lui a été dictée par les circonstances, ou, du moins, par ce qu'il connaissait des circonstances.

Brasillach fut avant tout un écrivain de grand talent.
La mystique du fascisme, titre de cette étude, est essentiellement une perspective d'un écrivain s'occupant d'un
certain phénomène politique, y compris la poésie et
l'esthétique auxquelles ont recours traditionnellement
les écrivains. A cet égard, Brasillach se rapproche spirituellement de Maurice Barrès et de Charles Péguy, de la
génération précédente. Comme ces écrivains, Brasillach
se préoccupa toujours des événements de son époque.
Son originalité réside en ce qu'il fut parmi ces écrivains
descriptifs les plus doués de la France de l'entre-deux-
guerres et, sans aucun doute, le plus grand peintre français du fascisme comme phénomène européen de ce siècle, bien que, comme nous chercherons à le démontrer,
son propre concept du fascisme divergeât considérable-
ment de celui de l'Italie ou de l'Allemagne, fondateurs
officiels du fascisme. Pierre Drieu la Rochelle fut le seul
écrivain français de ce siècle qui puisse prétendre en
même temps que Brasillach au titre de poète français
du fascisme.

Il est intéressant que Drieu la Rochelle ait été l'un
des premiers à réaliser que, dans l'ambiance des années
d'avant-guerre dans la France de 1913, dominait l'esprit d'un fascisme avant la lettre[1] : un jeune esprit de
révolte contre le capitalisme et le socialisme parlementaire. Ses génies principaux furent Péguy et l'Action
française de Maurras. Celle-ci s'allia brièvement en 1914
avec le syndicalisme, en formant une union précoce du
nationalisme et du socialisme. Cette alliance devait pourtant s'effriter pendant la guerre et celle-ci fut suivie
d'une période de décadence dans la France des années
vingt selon les nationalistes tels que Drieu. Cependant,
l'attention prosaïque de Drieu la Rochelle aux dogmes

---

1. Drieu, cité par Pierre Andreu, « Fascisme 1913 », *Combat*
n° 2, février 1936.

ainsi que son incapacité, par rapport à Brasillach, à faire vivre ses personnages fictifs impliqués dans l'épopée du fascisme diminuent les titres de l'auteur plus âgé au rôle de poète français du fascisme au xxᵉ siècle.

Le climat intellectuel et politique qui donna naissance au fascisme en Italie contenait un élément unique au xxᵉ siècle bien que spirituellement lié au romantisme du xixᵉ siècle. Cet élément était la révolution du physique, de l'instinctif, du naturel au début du xxᵉ siècle contre ce que beaucoup considéraient comme un rationalisme et un intellectualisme étouffants, et particuliers au xixᵉ siècle. Cette réaction, observe un commentateur, « ...devint particulièrement importante pendant la première décennie du xxᵉ siècle, lorsque, prenant son origine dans le domaine de la philosophie, elle déborda dans la religion, les beaux-arts et la politique [2] ». D'abord Nietzsche, Proudhon, puis Bergson en philosophie, et Freud en psychanalyse, tous contribuèrent à ce mouvement. En littérature, il y eut des écrivains tels que D.H. Lawrence, Pirandello, Katherine Mansfield et beaucoup d'autres encore. En politique il y eut Georges Sorel avec sa

> « foi mystique en la volonté prolétarienne qui se fraie un chemin par le combat et la violence [3] ».

On montrait que l'instinct, le sentiment, la sexualité étaient des forces créatrices possibles qui ranimeraient une société de plus en plus stérile et cérébrale. Soutenue par l'effet de la Grande Guerre qui, elle aussi, stimulait ce genre de philosophie, la réaction assura les assises de la révolution fasciste. Celle-ci se fondait également sur la révolution essentiellement esthétique des futuristes italiens dont le manifeste fut publié à Paris en 1909,

2. F.F. Ridley, *Revolutionary Syndicalism in France : the direct action of its time* (Cambridge, University Press, 1970), p. 191.
3. Atindranath Bose, *A History of Anarchism* (Calcutta, The World Press Private Ltd., 1967), p. 299.

l'année de la naissance de Brasillach. Le fascisme naquit en Italie, mais se répandit dans toute l'Europe pendant les années vingt et trente. D'abord, même les nations démocratiques manifestèrent leur admiration devant le fascisme. Ce ne fut qu'à partir de 1930 et avec la montée de violence des réunions nazies en Allemagne qu'elles commencèrent à s'apercevoir du danger caché derrière ces fortes dictatures nationalistes. Telle était l'ambiance dans laquelle grandit Brasillach.

L'Action française l'attira en partie parce qu'elle lui sembla être le seul groupe en France qui prétendît détenir une solution spécifiquement française à la montée du fascisme dans les autres nations d'Europe, et en partie aussi à cause de sa notoriété en tant qu'organisation regardée comme hors-la-loi par les gouvernements de la Troisième République. Sans en être tout à fait conscient, Maurras, comme Sorel, avait influencé de plus d'une manière le développement du fascisme européen et de ses inconditionnels y compris le jeune Brasillach. Le chef de l'Action française représente aussi sans doute l'influence intellectuelle et culturelle la plus forte qui s'exerça sur Brasillach pendant la jeunesse de celui-ci. Sur le plan esthétique, cependant, il est certain que le disciple dépassa finalement le maître.

Brasillach s'essaya dans les principaux genres littéraires, y compris les romans, les chroniques, les essais politiques, le journalisme, les pièces de théâtre et la poésie. Ecrivain-né, il se sentit à l'aise dans toutes ces formes littéraires. Chez lui la facilité n'impliqua point la superficialité. Toute son œuvre porte la marque d'un créateur extrêmement intelligent et perspicace. Gérard Sthème de Jubécourt dans son étude *Robert Brasillach, critique littéraire* (1972) montra admirablement le talent de Brasillach comme critique littéraire, et les romans de cet écrivain sont parmi les meilleurs de ceux qui parurent à cette époque en France. Ses chroniques et mémoires de l'entre-deux-guerres figurent aussi parmi les récits les plus vivants et les plus exacts de l'époque, ce qui est dû principalement à sa mémoire prodigieuse, son attention au menu détail et son sens de l'histoire, surtout du passé récent. Si l'on fait abstraction de son obédience politique au fascisme, on doit reconnaître que ses articles journalistiques sur les actualités contemporaines nous fournissent un aperçu pénétrant de la couleur de son temps.

Mystique et politique

On a déjà beaucoup écrit sur la politique et l'art de Brasillach. De nombreuses thèses universitaires en France et d'autres ailleurs ont été consacrées soit au premier aspect soit à l'autre. Les meilleures illustrations en sont peut-être les deux études récentes, l'une de Gérard Sthème de Jubécourt, déjà citée, qui traite de Brasillach purement en tant que critique littéraire et créateur artistique, et l'autre du Professeur William Tucker, *The Fascist Ego : a political biography of Robert Brasillach* (1975) qui se concentre uniquement sur l'orientation politique de Brasillach. Un biographe brasillachien américain de la première heure, J. Scammon, définit l'exclusivité excessive de telles perspectives :
    « Ce sont les deux côtés des œuvres en prose de Brasillach, leur peinture de la vie d'une époque et leur exposition d'une philosophie politique qui leur donnent leur plus grand mérite [4]. »
    A part la thèse récente de Tarmo Kunnas, *Drieu, Céline, et Brasillach et la tentation fasciste*, (1972), qui forcément traite un peu superficiellement de Brasillach puisqu'il ne figure qu'en tant que partie d'un triptyque, peu d'études cherchent à réunir ou rapprocher ces deux

---

4. J. Scammon, « Les Sept couleurs de Robert Brasillach ». CARB 10, p. 56.

aspects afin de présenter un portrait plus approfondi de l'écrivain.

Dans notre titre, le mot « mystique » se rapporte à l'art, le mot « fascisme » à l'idéologie politique. Je ne cherche point à proposer l'idée que Brasillach inventa une mystique pour le fascisme. En Europe, écrivains, poètes, artistes, et même les dictateurs fascistes, avaient déjà créé la base d'une telle mystique ; elle faisait partie intégrante du fascisme. Robert Brasillach fut purement et simplement le principal initiateur au mythe, à la mystique du fascisme en France. L'examen de son œuvre littéraire éclaircira précisément jusqu'à quel point l'auteur emprunta à la mystique générale, déjà incorporée au fascisme, et à quel point lui-même créa des éléments neufs en apportant sa contribution à cette mystique.

Brasillach tenta de réintégrer la mystique dans la politique, constatant que la Troisième République avait brisé ce lien, selon l'affirmation de Péguy quelques années auparavant. L'idéal de Brasillach fut un fascisme purement français. Après tout, puisque la France avait servi d'épicentre aux changements politiques au XIXe siècle et que les fascistes européens avaient avoué leur dette envers les théoriciens politiques français, Brasillach trouva raisonnable la supposition qu'un fascisme français pût être élaboré, inspiré des idées de Sorel, de Proudhon, de Gobineau, de Péguy, de Maurras, de Lagardelle et d'autres encore. Le livre du Professeur Tucker sur Brasillach montre admirablement « l'anarcho-fascisme » de l'écrivain français, terme-clé de l'idéologie de Brasillach selon le biographe. Nous tenons ce jugement pour exact, bien qu'un peu limité, et proposons de montrer que bien d'autres éléments encore composèrent le fascisme hautement individualiste de Brasillach.

Un écrivain parmi nous

En plus des nombreuses thèses universitaires publiées
en France et ailleurs sur des aspects différents de la philosophie de Brasillach et mise à part la documentation
historique de l'époque, qui, au mieux, offre un court
chapitre sur l'écrivain, plusieurs ouvrages importants
consacrés à Brasillach ont paru dans les années qui ont
suivi sa mort en 1945. En 1946, l'avocat de Brasillach,
Jacques Isorni, fit paraître un compte rendu de son
procès, accompagné d'une préface de faible importance
en ce qui concerne l'idéologie de l'accusé[5]. Néanmoins,
ce fut l'amorce d'un processus de réhabilitation qui n'est
toujours pas clos aujourd'hui. Trois romans qui poursuivirent ce processus parurent au début des années cinquante. Le destin posthume de Brasillach sembla aller
sur les brisées de celui de Jeanne d'Arc, son héroïne
française préférée, dont la peine fut officiellement annu-
lée vingt-cinq ans après son martyre.

Ce furent les *Mémoires d'un condamné à mort* de
Pierre Lassieur (1950), *La Plage de Scheveningen* de Paul
Gadenne et *Les Fins Dernières* de Pierre de Boisdeffre,
qui évoquent tous, directement ou indirectement, Robert
Brasillach sur un ton évident de sympathie et même, par-
fois, d'apologie pour l'écrivain.

Le *Robert Brasillach, l'homme et l'œuvre* de Pol Vandromme (1956) fut la première étude importante sur
l'écrivain. Elle est perspicace, très informée et reste une
des meilleures études sur l'auteur, quoique Vandromme
n'offre aucune analyse détaillée de son idéologie politique. Le *Brasillach* de Jean Madiran est moins satisfai-
sant puisqu'il consiste pour la plus grande partie en une

---

5. Jacques Isorni, *Le Procès de Robert Brasillach* (Paris, Flammarion, 1946). Une deuxième édition parut dix ans plus tard en
1956.

apologie polémique et passionnée pour Brasillach. Madiran nous offre une explication catholique très orthodoxe de la vie et de l'œuvre de Brasillach, allant jusqu'à subordonner la pensée politique de l'écrivain à son rôle de saint chrétien d'après Jeanne d'Arc. L'étude frise parfois une tentative un tant soit peu exagérée d'exploiter le martyre de l'écrivain. En 1959, Paul Sérant, qui avait indirectement défendu bien des convictions de Brasillach dans son roman *Les Inciviques*, écrivit *Le Romantisme fasciste*, récit chaleureux de la vie et des idées de six écrivains français dont les noms sont liés au fascisme en France. Ses analyses de l'idéologie de Brasillach sont pour la plupart exactes et lucides, mais il néglige le reste de l'œuvre de cet auteur et insiste trop sur le fait que le fascisme n'est qu'une autre forme du romantisme. Chronologiquement, l'étude suivante fut *Un écrivain nommé Brasillach* de René Pellegrin (1965), essentiellement une sélection de morceaux choisis de l'œuvre accompagnée de petits commentaires de peu d'originalité. L'ouvrage très court de Bernard George, *Brasillach* (1968), par contre, offre bien des éclaircissements originaux ainsi qu'une exposition des thèmes principaux de Brasillach, mais il est loin d'être une analyse complète. Plus récemment, Charles Ambroise-Colin fit paraître un commentaire du procès de Brasillach ainsi que quelques observations perspicaces sur sa vie et son œuvre. Cependant, la majeure partie de son matériel semble être basée uniquement sur une étude approfondie et attentive des derniers textes de Brasillach, y compris son procès, qui composent le recueil *Ecrit à Fresnes* publié chez Plon en 1967. Le livre d'Ambroise-Colin s'intitule *Un procès de l'épuration : Robert Brasillach.*

Le style de récit chronologique s'impose à la recherche afin de montrer aussi clairement que possible comment l'idéologie politique de Brasillach évolua parallèlement à ses créations littéraires. Puisque cette évolution est loin d'être bien définie dans son cas, nous pensons que la forme thématique ou analytique n'aiderait pas la compréhension. D'ailleurs, la forme de récit chronologique s'accommode mieux au sens du temps hautement développé chez Brasillach, ainsi qu'à sa perception du passage du temps et des étapes dans la vie humaine, bref, à tout ce qui lui devint presque une obsession. Les éléments d'un mysticisme et d'une superstition jouent sans aucun doute leur rôle ici, comme le remarque le Professeur Tucker [6]. Pour plus ample confirmation de cette conviction, nous renvoyons le lecteur aux « Chronologies », rassemblées en partie par Brasillach lui-même : « Brasillach eut moins de biographie qu'*un destin* », observa Bernard George [7]. C'est précisément à travers la forme chronologique que nous arriverons le plus facilement à suivre le cours de ce « destin ». En plus, l'élément autobiographique de l'œuvre de Brasillach, surtout de ses romans et — il est intéressant de le noter — de ses biographies, est plus facile à saisir, sans parler des mémoires, *Notre avant-guerre* et *Journal d'un homme occupé*, lesquels sont par définition chronologiques.

Quel est le moyen le plus naturel de montrer les étapes de la vie de Brasillach ? En général et en ce qui concerne son idéologie politique, il y a trois étapes principales ; d'abord, son enfance et sa vie d'étudiant jusqu'à 1934, une époque d'intérêt un peu lointain à la politique, qui ne fournit qu'un certain nombre d'épisodes contemporains de sa jeunesse ; deuxièmement, sa période d'intérêt pour les différentes configurations du fascisme européen et le début d'un engagement à un

---

6. William R. Tucker, *The Fascist Ego : a political biography of Robert Brasillach* (Berkeley, University of California Press, 1975), p. 16.
7. Bernard George, *Brasillach* (Paris, Editions universitaires, 1968), p. 5. George lui-même compléta les « Chronologies » au début de ce livre.

type de fascisme spécifiquement français (1934-1941) ;
troisièmement, la consolidation de sa foi en celui-ci,
motivé par un sens très fort du devoir et du patriotisme
ainsi que par un idéal qui promettait de devenir un idéal
de plus en plus spécifiquement personnel (1941-1945).

Il est très difficile de distinguer entre les types de
fascisme. Le fascisme italien sert de critère, puisque ce fut en Italie que naquit le fascisme proprement dit ; pourtant, toute référence au fascisme
orthodoxe au cours de cette étude peut normale-
ment s'appliquer aussi au fascisme allemand, le
national-socialisme proprement dit. La distinction la plus
importante, celle entre le fascisme orthodoxe et le fascisme de Brasillach, se fait d'habitude assez clairement
selon le contexte. Là où il s'agit du fascisme d'autres
nations européennes, des précisions seront toujours four-
nies. La nature de l'idéal personnel du fascisme propre à
Brasillach, comme on le voit dans son œuvre, doit être
naturellement la préoccupation principale de toute
enquête.

Deuxièmement, il existe un problème d'ordre psycho-
logique lié à l'interprétation de la séduction de Brasillach par le fascisme tout au début. C'est une des questions les plus décisives de laquelle on ne pourra peut-
être jamais offrir une explication tout à fait satisfaisante.
Comment Brasillach, l'intellectuel, le jeune esthète sensible, voire délicat, parvint-il à admirer la brutalité et
l'aspect physique du fascisme ? De nombreux critiques
ont essayé d'expliquer cela, mais personne, même parmi
ses amis et proches parents, n'en a offert une explication
satisfaisante. Ni Maurice Bardèche, son beau-frère qui le
connut bien pendant la plus grande partie de sa vie, ni
Jacques Isorni, son avocat qui finit par sympathiser profondément avec lui, ne peuvent tout à fait rendre compte
de cette séduction[8]. On ne devrait donc pas s'étonner

---

8. Me Jacques Isorni, communication personnelle, le 22 mai
1975.

que je ne prétende pas avoir résolu ce qu'un commentateur appelle « un problème esquivé [9] ». Nous proposons et discutons plusieurs explications possibles.

Il se peut que, justement parce que Brasillach était un esthète intellectuel, il fût attiré par une « religion » païenne de discipline, de violence et de rituel barbare, ou, en termes nietzschéens, qu'il eût été un Apollonien séduit par le Dionysiaque, comme l'Aschenbach de Thomas Mann dans *Mort à Venise*. Un autre aspect de cette explication tourne autour de sa fascination un peu enfantine, persistante et innée pour la violence. Il y a certainement de la vérité dans chacune de ces explications, mais elles ne peuvent jamais tout à fait nous satisfaire.

Des méthodes modernes de « psychocritique » ont été appliquées jusqu'à un certain point dans la tentative d'éclaircir de telles anomalies. Ces méthodes s'appliquent avec profit surtout au premier chapitre qui tente de rapprocher l'enfance et la formation de Brasillach de son évolution ultérieure et sa philosophie adulte, mais on doit souligner que de telles méthodes ne servent qu'en partie à l'interprétation des actions et des convictions d'un sujet d'analyse : la psychocritique seule ne peut jamais prétendre à fournir une explication complète.

Finalement, un problème plus personnel surgit dans cette étude sur Robert Brasillach. Il est presque inévitable qu'un chercheur qui étudie un personnage en long et en large avec l'intention d'en écrire un récit biographique se sente un peu lié sur le plan affectif avec le sujet d'analyse. Il peut sembler parfois que l'auteur de cet ouvrage montre trop de sympathie pour certaines idées ou certains idéaux de Brasillach, surtout sur le plan politique. Nous souhaitons que le lecteur com-

---

9. Paul André, « Sur *Robert Brasillach, critique littéraire*, par Gérard Sthème de Jubécourt » (CARB 18, p. 57).

prenne qu'une telle sympathie n'est pas intentionnelle ;
elle fait plutôt partie d'une tentative de la part de
l'auteur d'expliquer les idées de Brasillach avec autant
d'indulgence qu'il croit nécessaire à une bonne compréhension de son sujet. Des analyses de gauche, de droite,
et d'autres encore traitant de Brasillach et du fascisme
furent consultées dans l'espoir d'établir une perspective
équilibrée des écrits de quelqu'un qui reste toujours,
politiquement, un objet de controverse dans la France de
nos jours. Il faut se rappeler le mot de l'historien Jacques Bainville qui résuma ainsi la tâche de l'historien :
« Notre but, qui n'est que de comprendre... [10] ».

P. T.

10. Jacques Bainville, *Napoléon*, 2 tomes (Paris, Plon, 1933),
I, 10.

I

LA FIN DE L'APRÈS-GUERRE

> « Nous eûmes vingt ans à une heure
> bénie, quand partout les faux Dieux tom-
> baient en poussière... Telle fut l'Après-
> Guerre : verdoyante, libre et joyeuse... Je
> ne sais si meilleure occasion se présentera
> jamais à l'homme de faire peau neuve. »
>
> Joseph DELTEIL.

Anne Brassié

Enfance et jeunesse
de Robert Brasillach *(1909-1930)* [1]

« *Le bonheur est une île.* »
BRASILLACH.

Tous les êtres humains naissent deux fois, du ventre de leur mère et de leur petite enfance. Celle de Robert Brasillach fut heureuse et choyée au bord de la Méditerranée, à Perpignan puis à Rabat, au Maroc. Robert se souviendra longtemps d'une fête dans les bois d'orangers. Saint-Cyrien, officier de l'armée coloniale, son père pacifiait le pays au nom de la France. Il y laissera la vie en 1914. Le drame assombrit l'enfance du petit garçon qui apprend à cinq ans ce que signifie l'honneur, le devoir et la patrie pour laquelle on doit sacrifier sa vie. Blessé au bras, Arthémile Brasillach aurait pu se retirer des combats mais il s'y refusa. Restent seuls une femme et deux enfants, Robert et sa petite sœur Suzanne âgée de quatre ans, une mère intrépide, indépendante et passionnée qui portera à ses enfants un amour immense, donnant à leur trio une force inébranlable et vouera un culte au héros mort en combattant pour la France. Leur fils Robert sera lui aussi officier en 1939. Fait prisonnier

---

1. Rappelons que Anne Brassié publie en ce moment (avril 1987), la première grande biographie de *Robert Brasillach [ou encore un instant de bonheur]* (édit. Robert Laffont, Collection sans masque).

en 1940 il voudra partager le sort de ses hommes en captivité. Il considérera aussi de son devoir de s'engager à
son retour d'Allemagne, aux côtés de Pétain pour sauver
ce qui pouvait encore être sauvé de la France et faire
rentrer les prisonniers. Il avait pleinement conscience
de jouer sa carrière. Tous ses amis voulurent l'en dissua-
der. Mais un Brasillach ne s'enfuit pas du combat. Le
fils gardera son père comme modèle, dût-il en souffrir
lui aussi.

Brasillach vivra à Perpignan le temps de cette première guerre dont les échos lui parviennent par les
réfugiés et les nouvelles contradictoires, assauts et vic-
toires, retraites et défaites.

Des grands-parents accueillants à Mont-Louis dans les
Pyrénées, d'origine espagnole et peut-être arabe, à Col-
lioures, à Canet et à Perpignan et la vie reprend ses
droits, douce et chaude au bord de la mer quand Robert
doit affronter une seconde mort, celle de sa grand-mère
maternelle. Trois ans plus tard, sa mère se remarie avec
un médecin de Sens qui avait fait la guerre. Gazé, il
accompagnait en convalescence un groupe de malades à
Perpignan avant de retourner au front. Second drame
pour le petit garçon qui devra accepter un nouveau père,
faisant ainsi mourir le premier une seconde fois, et
quitter pour Sens le paradis terrestre, ses fruits sucrés
et ses plages immenses où Robert et Suzanne passaient
des journées entières en toute liberté.

De cette enfance au paradis, celui de *Comme le Temps
passe*, Robert Brasillach gardera en lui de précieux souvenirs : le goût du Midi, l'attirance vers la beauté, ses
parents avaient fière allure, l'habitude des voyages, l'instinct des pionniers, celui des colons du Maroc qui s'ins-
tallèrent et firent fructifier le pays, croyant y rester
toujours et rêvant de construire une cité modèle. Au
milieu de ses trésors deux pierres noires, le sentiment de
la brièveté de la vie et l'horreur de la guerre. Les enfants
tôt orphelins qui vivront donc plus vieux que leurs

parents, gardent à jamais le sentiment d'être en sursis. Son œuvre sera nourrie de ces impressions qui deviendront poésie. Quant à son horreur de la guerre provoquée par tous les récits de ses proches et des réfugiés, elle est à l'origine de sa violence et de son désespoir entre 1936 et 1939. Il voit une France affaiblie par des querelles intestines et idéologiques courir à la catastrophe, aveugle devant le danger nazi.

La vie à Sens se révèle plus dure parce qu'il y fait gris, parce qu'ils sont isolés, on ne débarque pas comme cela en province sans montrer patte blanche. Ils arrivent du Maroc, on les considère un peu comme des aventuriers. Les études au lycée sont bonnes mais l'enthousiasme des professeurs n'égale pas la soif de connaître de l'adolescent. Des amitiés enrichiront cette période autant que l'intimité avec une mère fervente et raffinée et une sœur rieuse et brillante. Ils repartent le plus souvent possible à Canet. Mais le plein épanouissement ne survient qu'à Paris en préparant l'Ecole normale au lycée Louis-le-Grand. Robert va connaître deux éblouissements, la littérature grâce à un maître exceptionnel et l'amitié d'un être, lui aussi exceptionnel, Maurice Bardèche, le second éblouissement multipliant le premier puisque la joie de découvrir un nouveau monde est mille fois plus excitante à deux. A Sens Robert vivait en parfaite union avec sa mère et sa sœur. Séparé de ces deux êtres et souffrant de cet éloignement, Brasillach va rencontrer son alter ego. Différents l'un de l'autre mais aussi intelligents et travailleurs ils vont s'enrichir mutuellement : Maurice connaît bien mieux la littérature contemporaine que Robert, il l'initie. Maurice travaille plus en profondeur que Robert, il l'impressionne. Maurice est libre et agnostique. Il attire Robert dont la véritable nature est aussi d'une indépendance totale. Quant à Robert il récite des vers, debout sur les tables de la classe, avec Roger Vailland. Cette culture goûtée avec tant de bonheur magnétise Maurice. Ils deviendront amis, dira simplement Robert répétant Montaigne, « parce que c'était lui, parce que c'était moi ».

Ces élèves plutôt doués auront la chance d'avoir un professeur extraordinaire pour préparer le concours : André Bellessort. Ancien journaliste du *Temps*, il a roulé sa bosse à travers le monde et se moque des oukases en tous genres. Il est à la fois anticonformiste, monarchiste et anarchiste. Brasillach est catalan et « dans chaque Catalan il y a un anarchiste ». L'accord sera donc immédiat d'autant que Bellessort est un passionné des lettres, non des lettres mortes mais des lettres vivantes. Avec un sens dramatique certain il fait entrer dans la classe Horace et Cinna, Camille et Hermione avec leurs violences ou leurs larmes et son auditoire est subjugué.

Brasillach vit au milieu d'une petite bande réunissant José Lupin, lui aussi fou de littérature et futur agrégé de lettres, Thierry Maulnier qui choisira d'étudier Racine et Nietzsche quand Brasillach choisit Virgile et Corneille, un jeune juif, Fred Sémach qui sera le premier ami de Robert à son arrivée à Louis-le-Grand, ils partiront tous deux à la découverte des rues de Paris. Roger Vailland de nature sombre et passionnée s'entendra aussi avec Brasillach passionné lui aussi mais très gai. Ils rédigeront ensemble, à sept, un roman policier en feuilleton, chacun écrivant un chapitre au gré de son imagination. Le suspens deviendra délirant !

Admis à l'Ecole Normale Brasillach découvre un monde totalement libre, dans les horaires, dans les comportements, dans les accoutrements au milieu des milliers de volumes de la bibliothèque. Il y passe des journées entières et trouve des trésors comme les écrivains et les poètes latins du Moyen Age français. Il en concevra le projet d'écrire une histoire des Lettres en France depuis cette époque. Leur monde intellectuel ne connaît aucune limite, aucun interdit, toutes les opinions sont tolérées et quand l'Action française est condamnée par le pape, en 1926, cela choque rue d'Ulm. Cette liberté

absolue sera une très mauvaise préparation à un monde
où il ne faudra plus chanter qu'un seul refrain : « Marx
est grand et Staline est son prophète. »

De cette petite bande, Brasillach est le seul à avoir
déjà écrit et déjà publié. Il s'est fait une place dans la
presse locale, celle de son Midi natal, *Le Coq Catalan,*
à quatorze ans, et celle de son adolescence, *La Tribune
de l'Yonne* à seize ans. On lui prend des poèmes et des
critiques littéraires. Il écrit aussi ses premiers romans,
des « semble romans » écrit-il modestement. A vingt
ans il commence sa première biographie, celle de Virgile,
le poète de la patrie romaine et des vignes dont le chant
toucha Brasillach profondément, le révélant à lui-même.
A vingt et un ans il a la responsabilité de la chronique
littéraire de l'*Action française,* sans être membre du
parti, il ne le sera jamais. Son esprit résonne de littérature et de poésie. La politique ne l'attire pas. Ses maîtres
sont d'abord des écrivains et des poètes, Péguy, Bainville, Daudet, Maurras.

L'avenir s'annonçait riche de projets. Leur talent, leur
prodigieuse culture et leur puissance de travail promet-
taient à Brasillach et à ses amis des carrières fulgurantes.
Ils auraient pu être grisés par leurs facilités, aveuglés
par leur enthousiasme. Mais une ombre les oppresse. Ils
se sentent, dira Brasillach, « dans l'éminente dignité du
provisoire ». La vie étudiante l'est toujours mais la paix
semble elle aussi fragile. Ils vivent entre deux guerres
Celle de 1914, derrière eux, projette son spectre sur
l'Europe. La dette des réparations à payer est trop
lourde pour les Allemands qui subissent une grave crise
économique. Hitler apparaît comme un sauveur à tous
les ouvriers, permettant à chacun d'entre eux de possé-
der la voiture du peuple et la radio du peuple. Après
leur avoir donné un travail et la sécurité il pourra facilement exiger d'eux leur sang puis leur âme, pour
conquérir l'Europe. La génération de Brasillach et Brasillach en particulier ressentiront cette inquiétude qui

deviendra angoisse. *Mein Kampf* annonçant clairement
les intentions de Hitler paraît en 1925 en Allemagne.
Briand et Kellog répondent en 1928 en déclarant la
guerre hors-la-loi. Puis Briand propose les Etats-Unis
d'Europe. N'est-ce pas une belle utopie ? L'Allemagne
va réarmer ? Pourquoi les peuples, toujours, préfèrent-ils
l'utopie à la réalité ?

Avant de voir « la mort en face », volontairement,
Brasillach aura vu la guerre menacer son univers une
seconde fois. L'ayant pressenti, il la combattra violemment et en vain. Il démontrera que Hitler est un dicta-
teur fou et dangereux. Il avait raison quand ses aînés
avaient tort. Qui, en 1936, a voulu anéantir l'ennemi
au-delà des Pyrénées alors qu'il fallait le voir au-delà
du Rhin ? En 1941, Brasillach eut tort. Il crut la France
trop faible pour retrouver son indépendance face à une
Allemagne qui lui semblait invincible. Les jeunes n'ai-
ment pas que leurs aînés se trompent. Tous les raisonnements leur paraissent alors possibles. Brasillach sait
en 1944 que l'histoire lui donnera tort. Désespéré avant-
guerre il le sera toujours après-guerre jusqu'à ce que, lui
enlevant la vie, on lui enlève toute chance d'un nouvel
espoir.

A. B.

Emile Martin
maître de chapelle à Saint-Eustache

Nostalgie ou prémonition?

Il n'est de réconfort que dans la vérité : Robert Brasillach « nationaliste intégral », redoutait l'Allemagne. Sans renoncer pour autant à sa haine de la République et des juifs. Sa phobie des communistes et des Russes fit de lui un « collaborateur ». Dans ses écrits, sinon dans ses actes. D'autres surent éviter la première charrette. Brasillach s'y précipita. Dès le 14 septembre 1944, il se constitue prisonnier. Le 19 janvier 1945, il est condamné « pour intelligences avec l'ennemi ». Les jurés n'avaient pu choisir qu'entre l'acquittement et la mort. A l'opposé de « cette justice du juste milieu » réclamée par Albert Camus. Dernier acte : la fusillade au Fort de Montrouge, le 6 février, date fatidique ! Malgré les suppliques de ceux-là mêmes qui auraient pu être ses victimes. Plus ardente que la sévérité de ses juges, l'admiration de ses « défenseurs » pour le poète, le guide littéraire, le romancier du bonheur et de la tendresse !

François Mauriac, qui défendit jusqu'au bout cet « ennemi implacable », ne fut pas dupe. Il devait écrire douze ans plus tard : « Brasillach était de la race qui ne sait pas se tapir, attendre. S'il avait su se faire oublier l'espace d'une demi-année, peut-être aujourd'hui ses amis lui offriraient-ils une belle épée d'académicien... »

Bien désabusé, notre Prix Nobel ! Jusqu'à la fin de

ses jours, la tragédie de Brasillach ne cessa de le hanter. A l'adresse d'Henri Bordeaux qui trouve saumâtre « que l'on s'emploie à éteindre les incendies que l'on a soi-même allumés », il aura ce mot cinglant : « Se faire traiter de pompier par Henri Bordeaux, quelle aubaine pour l'humour posthume d'un Robert Brasillach ! »

Déplorable assurément la mort à trente-cinq ans de ce garçon dont les « analyses » magistrales faisaient déjà augurer un nouveau Sainte-Beuve. Douze volumes, et quelle densité !

Mais, comme le faisait remarquer Jean Cocteau : « Sans la moindre raison d'Etat, le génocide juif a peut-être privé notre planète d'un nouvel Einstein... » Sur le thème « c'est Mozart qu'on assassine », que n'a-t-on pas écrit ? A quoi Mauriac répondait non sans amertume : « Comme si ceci pouvait consoler de cela ! »

Effroyable loterie que le destin, qu'il soit le bilan de forces aveugles ou la trame de l'humaine folie... De qui, de quoi dépendait-il que nous fussions esclaves crucifiés ou princes des Mille et une Nuits ?

Ne reste plus de Robert, ce génie précoce, que l'impérissable... Pour moi, l'image toujours gravée de l'enfant-poète, de l'augure des Lettres, lucide et sensible comme aucun.

De stature modeste, « pas plus haut que Ravel », son visage rappelait étonnamment celui de Doriot [1] : brun et rond, avec de gros verres, et, sur le front, la même mèche noire et rebelle. Cette ressemblance, selon Louis Jouvet, lui aurait été fatale. (Mais le mystère, sur ce point, est loin d'être dissipé, si l'on en croit ses biographes les plus objectifs.)

Bien avant de le rencontrer, j'avais connu sa « geste littéraire » par mon compatriote alésien Jacques Talagrand (qui n'était pas encore l'académicien Thierry Maul-

---

1. Voir p. 196, les conséquences de cette ressemblance.

nier), condisciple de Robert à l'Ecole Normale Supérieure.

Je partageais son admiration pour le gosse de quinze ans, dont les critiques fines et pertinentes baignaient tous les quinze jours l'aride *Tribune de l'Yonne*, à la manière d'un ruisseau printanier. Et ses « poèmes d'enfance » me le rendaient plus proche, même quand il empruntait sans vergogne à Hérédia :

> *Je suis né au soleil des étés catalans*
> *Près des* flots *d'où jadis les* blanches caravelles
> *Partaient pour affronter de* lointains océans
> *cherchaient de l'inconnu parmi des* mers nouvelles.

Mais, plus tard, Robert nous montrera, tracé de sa main d'écolier, certaine « stance ironique » où l'humour et la poésie forment un curieux amalgame.

> *Oui, c'était une nuit très belle. Le ruisseau*
> *avait de clairs reflets de truite*
> *Et la lune jetait ces fleurs d'argent dans l'eau*
> *Qui les emportait dans sa fuite.* (...)
>
> *Le bonheur était là sous le ciel automnal*
> *A l'aube épaisse des charmilles,*
> *Mais voilà... Vous étiez en toilette de bal,*
> *Et moi j'avais des espadrilles.*

Helléniste de bonne heure, il ne se borne pas à graver dans la langue d'Homère de facétieuses sentences sur les « thurnes » de José Lupin ou de « son cher Thierry », il prémédite déjà les futures traductions de cette merveilleuse « Anthologie de la poésie grecque », où chaque présentation est une page d'anthologie.

Mais le souvenir le plus vivant, le plus pathétique aussi, que je garde de Robert Brasillach, remonte à cette soirée de l'an de grâce 1936, où les Théophiliens donnaient, sur le parvis de la cathédrale de Chartres, *le Jeu d'Adam et Eve.*

Cette « troupe », unique en son genre, naquit le jour où le professeur Gustave Cohen, médiéviste éminent, réveilla son auditoire d'agrégatifs assoupis, en abattant son poing sur la table et en s'écriant : « Nos amphithéâtres ne sont pas faits pour la dissection des cadavres mais pour la résurrection des morts. Ces drames qui ont fait couler tant de larmes au Moyen Age seraient-ils incapables de nous émouvoir ? Allons donc ! Jouons-les ! »

On les joua : en France et bientôt après, sur les plus grandes scènes d'Europe et des U.S.A.

Robert Brasillach n'ignorait rien de cette « chenille informe devenue papillon de flamme ». Grâce au dynamisme du fondateur et à une poignée d'étudiants dont l'exaltation triomphait de tous les obstacles : le syrien Moussa Abadi, Diable parfait, Jacques Chailley, décrypteur de neumes et Maître de Psallette, Geneviève de Gentile qui entrera au Carmel après avoir créé une Eve de miracle... Marcel Schneider, « jeune Dieu à l'aurore du monde ».

A Chartres, tout concourait à l'incantation : le lieu, la mise en scène simultanée, les costumes, les orgues, les cloches et jusqu'au grand vitrail de la façade éclairé de l'intérieur...

La « Figure Divine » dit à nos premiers parents, en leur montrant le Paradis : « Je vous y place... »

Adam répond : « Y pourrons-nous durer ? »

Un sanglot monte du premier rang des spectateurs. C'est Robert Brasillach. En larmes.

Nostalgie des paradis perdus ? Ou prémonition de ce qui serait pour lui, neuf ans plus tard, la plus affreuse des réponses ?

Quatre jours avant l'issue fatale, la Muse, loin de l'abandonner, le fera surgir de sa couche glacée pour tirer de ses doigts gourds un dernier poème, aussi bouleversant que la prière des malheureux « Raskolniki »,

veillant eux aussi leur propre mort, au troisième acte de
la Khovanchtchina :

... Telle une berceuse venue d'outre-tombe :

Compagnon de Dieu, Lazare mon frère
Viendrez-vous demain, viendrez-vous ce soir ?
O vous né deux fois aux joies de la terre
Patron à jamais des derniers espoirs.

E. M.

Thierry Maulnier
de l'Académie française

L'œuvre critique

Que le lecteur n'attende pas de moi ici une étude de l'œuvre critique de Robert Brasillach. Cette étude, il la trouvera plus loin [1], aussi attentive qu'elle peut être souhaitée pour les différents textes, écrite par le commentateur le plus perspicace et le plus fraternel. Pour moi, même si la chose m'était demandée, même si j'en avais eu le désir et le loisir, je ne me sentirais pas préparé à séparer de lui une part de lui-même pour en faire un objet de littérature alors que — j'y songe en ce moment même — l'occasion ne m'a pas été donnée jusqu'à présent de dire que dans sa vie et dans sa mort, et depuis sa mort, sa présence n'a jamais cessé d'être auprès de moi toute autre qu'une présence littéraire : une couleur par lui reçue du monde et donnée au monde, fugitive et délicate comme le velours de l'adolescence sur un jeune visage, et par un stupide assassinat fixée comme l'insecte dans l'ambre, faite incorruptible.

Avant le 6 février 1945, et depuis ce 6 février, j'ai connu pour mon pays des temps de honte et de défaite. Le temps de ce 6 février était un temps de victoire,

_____
1. Voir p. 212, *Une autre image de Brasillach,* par Maurice Bardèche.

imparfaite sans doute, pleine d'illusions et de menaces, telle pourtant qu'elle délivrait mon pays et lui ouvrait une espérance. Le matin où cette victoire tua Robert — je ne l'avais jamais appelé Robert, même dans la camaraderie lycéenne et normalienne, même dans les combats politiques en commun qui avaient précédé nos désaccords — il me parut évident qu'un poison était en elle. C'était elle et non lui qui pour quelques-uns d'entre nous était ce matin-là frappée à mort.

Ce n'est pas seulement dans ses livres, c'est hors de ses livres, à travers eux, qu'il reste là pour nous, intact si nous nous usons, fidèle si nous sommes infidèles à ces heures radieuses de notre vie auxquelles, au fond de lui-même, il ne désirait peut-être pas survivre, miraculeusement préservé de vieillir, son clair visage de trente ans posé pour toujours sur son visage de cendre, comme le masque d'or dans l'ombre sur les visages perdus des princes de Mycènes.

Si je n'avais pas connu Robert Brasillach, camarade d'exploration dans la découverte des terres vierges de l'art et du monde qui s'ouvrent aux esprits de vingt ans, camarade de combat dans les combats qui nous ont unis, camarade encore dans les combats qui nous ont séparés, je n'en aurais pas moins de difficultés à prétendre isoler l'œuvre de l'auteur, et l'œuvre critique du reste de l'œuvre, selon une perspective particulière. Je crois bien qu'on ne peut parler de Robert Brasillach critique en parlant seulement de ses livres et de ses articles de critique, je crois bien qu'on ne peut parler de ses essais théâtraux ou de ses romans sans faire sa part à cette méditation de la littérature, à cette confrontation avec la littérature qui pour lui n'était jamais suspendue, même lorsqu'il paraissait n'être qu'une sensibilité et une imagination aux prises avec la vie, je crois bien que le critique n'est pas rangé dans un tiroir quand Brasillach compose *les Sept couleurs*, ce roman qui est aussi un exercice de style, que le romancier ne dort pas quand Brasillach traite Virgile, ou Corneille, comme des amis vivants ; et même dans ces *Poèmes de Fresnes*, dans ces paroles parmi les plus nues qui soient sorties des lèvres humaines dans la froide lumière immobile où les soirs et les matins vont s'évanouir, toutes les chères lectures sont là avec Péguy, avec Chénier, avec Villon, tous les merveilleux paysages de l'écriture qui ont mêlé leurs clartés et leurs ombres aux ombres et aux clartés de la vie.

Quand j'ai fait la rencontre de Robert Brasillach, nous commencions, tous tant que nous étions, dans les salles d'étude aux tables noires de Louis-le-Grand, cette préparation au Concours de l'Ecole normale qui, par le contact quotidien de plusieurs heures, pour l'explication et le commentaire, avec les textes royaux de la littérature grecque et latine, de la littérature française ancienne et presque moderne, était principalement un apprentissage de la critique. Il n'était peut-être pas un d'entre nous chez qui cette vocation critique en accord avec les impératifs de notre enseignement classique traditionnel apparût aussi évidemment que chez le jeune Robert Brasillach. Si pour certains d'entre nous il y avait comme une séparation entre les travaux et les loisirs, entre les obligations du programme et notre appétit de théâtre et d'écrivains contemporains, il n'y en avait pas chez lui. Virgile et Proust, Sénèque le Tragique et Gide, Racine, Claudel et les Pitoëff appartenaient déjà pour lui à la même famille, la sienne, il cherchait en eux la même nourriture, il les approchait de la même approche gourmande, ils étaient tous avec lui dans la réponse aux questions des professeurs, dans les conversations qui tournaient en rond dans la cour, dans le Luxembourg peuplé des jeunes pousses d'arbres et de filles, sur le sable ardent de Collioure. Je crois bien que mon premier étonnement, en ce qui le concernait, fut qu'on pût trouver dans les courtes journées le temps d'écrire autant, de lire autant, de vivre autant, et de trouver encore le loisir d'être paresseux, car cette incroyable utilisation des minutes gardait un style de nonchalance, une onctueuse tranquillité orientale. Pour beaucoup de ceux qui se vouent à la littérature, et plus particulièrement à cette littérature au second degré, à cette littérature nourrie de la seule littérature, qu'est la critique, cette vocation se fait exclusive et érudite, elle implique une préférence pour l'univers écrit aux dépens de l'univers réel, un refus de vivre né de la maladresse à vivre, elle conduit à une claustration. Je crois bien n'avoir jamais connu personne pour qui la littérature fût, comme pour Robert Brasillach, chair, soupir, rire, amitié, lumière, toute mêlée au monde et toute pleine de lui, ouverte, non fermée.

Je ne crois pas qu'il ait eu d'autre méthode critique que celle-là, qui était pour lui instinctive et comme fondamentale à toutes les acquisitions de la connaissance, à toute la « culture ». L'œuvre littéraire était pour lui la princesse endormie qui commence, dès qu'on la touche, à sourire dans son sommeil et qui va ouvrir les yeux. Elle se levait à son approche et il la prenait par la main. Il nouait avec les plus grands morts et les plus vénérables des vivants des amitiés d'adolescence. Certes, il lui est arrivé d'être dur, injuste même, et il déchirait, lorsqu'il déchirait, avec allégresse. Il n'entrait pas volontiers dans les avenues, si volontiers fréquentées par les écrivains de son siècle, du refus, du sarcasme, du désespoir. Ecrivain du bonheur sensuel ou mystique, de toutes les déchirantes douceurs qui nous conduisent au bord des larmes, il respirait dans le monde de Colette ou de Claudel, non dans celui de Malraux ou de Kafka. Je crois qu'il n'aimait pas qu'on n'aimât pas ce qu'il aimait.

Ce qui fait la valeur de son œuvre critique est inséparable de ce qui fait la valeur de son œuvre tout entière : l'amour passionné de la jeune vie mortelle, le désir de la soustraire, par le moyen peut-être dérisoire du

livre — aussi dérisoire que les noms des amants gravés
sur l'écorce des arbres —, à la fuite silencieuse du
temps.

Il n'allait pas vieillir. Ce n'est pas chercher une
excuse à ses juges et à ses bourreaux, mais seulement
éclairer en quelque mesure le courage souriant qui le fit
se livrer à la mort alors qu'elle le cherchait, mais ne
l'avait pas trouvé, que de discerner dès l'origine et de
suivre, à travers toute son œuvre, la route d'ombre. Il
existe une grande famille des artistes disparus en pleine
jeunesse qui n'est point née d'une parenté de hasard. La
maladie de Giorgione, de Mozart, de Watteau, la stupide férocité de l'histoire qui abat son couperet sur la
nuque de Chénier et troue la poitrine de Robert Brasillach ont été annoncées par avance, autant que le suicide
de Kleist, par la grâce et la tendresse angoissée du geste
dont ils ont caressé les formes visibles et invisibles de la
vie : de cette vie que Robert aimait trop pour se résigner
à son usure.

C'est peut-être s'arrêter à l'apparence que de dire,
comme je l'ai si souvent entendu dire, que cette fin
violente ne lui ressemblait pas. Non certes qu'il ait jamais
souhaité tomber sous des balles françaises. Mais ne subis-
sait-il pas, sans peut-être le savoir, cette fascination qui
porte la jeunesse, dans ce qu'elle a de plus vivant et de
plus pur, vers l'éclat meurtrier qui, en la consumant
d'un coup, la sauve de la dégradation et la délivre de la
fugitive apparence ? Comme l'Ange de *l'Annonciation*
du Tintoret, celui qui apporte une mystérieuse promesse
aux jeunes morts dédaigne de heurter du doigt, timide-
ment, la porte. Il entre en renversant les murs.

T. M.

Maurice Bardèche

La Revue française

Les débuts littéraires de Robert Brasillach ont été racontés par lui-même dans *Notre Avant-Guerre*, parmi les souvenirs qui se rapportent aux années de l'Ecole Normale. Cette évocation est pittoresque mais elle est un peu vague. Elle est consacrée surtout à notre passage dévastateur sur les terres paisibles de *la Revue française*. « Je ne crois pas, écrit Brasillach, que la postérité garde un souvenir particulièrement vivace de *la Revue française*. Mais nous ne pensons jamais sans plaisir, car nous nous y sommes beaucoup amusés. Cette publication devait avoir un peu plus d'un quart de siècle d'existence, et avait mené avant 1914 une vie coite et gentille – d'émule des *Annales*. Bien pensante, bourgeoise, provinciale, elle était faite pour un autre temps, et pour une clientèle qui se mourra sans être remplacée. Elle appartenait à Antoine Redier qui avait publié des livres de souvenirs sur la guerre et qui, appuyé sur une petite maison d'éditions dirigée par son fils Alexis, essayait de retenir le public catholique, principalement dans les provinces du Nord. Des dames pieuses y écrivaient de petits contes inoffensifs et y donnaient des conseils moraux. Lorsqu'on manquait de copie pour emplir ses larges numéros hebdomadaires sous couverture bleue ornée

d'un bois gravé, toujours assez copieux, on se précipitait
sur les bons auteurs : nous avons bien ri en découvrant
un jour un numéro de 1922 consacré à l'Infini, avec
textes de Pascal, de Lamartine et d'Anatole France. On
voit que les grands sujets ne faisaient pas peur. Bref, il
n'était pas de revue moins révolutionnaire, plus éloignée
des idées et des goûts de la jeunesse. »

Le chroniqueur consent, ensuite, à apporter quelques
précisions à son récit en indiquant que notre interlocuteur avait été Henri Massis, notre compagnon d'aventures Thierry Maulnier et notre guide Jean Maxence,
chef pittoresque d'un escadron dévastateur. « Nous sommes entrés là-dedans un peu en conquérants, avoue le
chroniqueur, bousculant les vieilles dames apeurées, et
nous livrant avec une belle inconscience aux fantaisies les
plus contraires à l'esprit même du journalisme. Toutes
les semaines, nous exprimions nos idées sur l'univers
avec une candeur et une certitude désarmantes. »

Quelques portraits, quelques souvenirs complètent ces
indications liminaires, comme le début de cette aventure,
plus amusants que précis. Les notes biographiques que
Bernard George a placées en tête de sa monographie
de Robert Brasillach désignent des points d'ancrage.
« 1930... Nous écrivons à l'*Etudiant français*... J'envoie
à la *Revue Universelle* un article sur la jeunesse de Virgile, à la N.R.F. un article sur Sénèque le Tragique...
Je commence *le Voleur d'étincelles*... En avril, j'écris
à l'A.F. littéraire... En novembre, connaissance de
Maxence, entrée à la *Revue française*. » Ce résumé est
précieux. Il est dû, on le sait, à Robert Brasillach lui-
même. Or, il nous apprend que la *Revue française* n'est
pas, comme on le croit généralement, une base de départ,
mais une escale, un « comptoir », dans le langage des
navigateurs d'autrefois. C'est même, nous allons le voir,
une escale de fortune, où se rencontraient des visiteurs
qui arboraient des pavillons de toutes sortes, et non une
colonie sur laquelle Maxence et ses troupes se seraient

installés en civilisateurs. Car ces conquérants campaient, ils ne bâtissaient pas. Et cette désinvolture explique peut-être pourquoi cette aventure fut sans lendemain : c'était une halte, non une école.

Nous savons tout cela depuis que cet épisode de notre jeunesse est devenu l'un des ornements d'une importante thèse universitaire, celle de Jean-Louis Loubet del Bayle devant la Faculté des Lettres de l'Université de Toulouse et qui fut publiée en 1969 aux Editions du Seuil sous le titre *Les Non-conformistes des années 30.* Le premier chapitre de cette thèse est consacré à la « jeune droite » et présente les éléments d'une documentation.

Premier point : l'origine de quelques-uns des composantes dont le mélange va donner l'équipe de la *Revue française.* Si la chronologie de Brasillach révèle qu'à cette date Brasillach avait déjà un « passé », l'enquête de Loubet del Bayle établit que Maxence avait, lui aussi, un « passé » et même, dans la communauté, faisait « un apport ». Jean Maxence, pseudonyme de Pierre Godmé, né en 1907, ancien élève du Séminaire d'Issy, avait fondé en 1928, avec son frère Robert Francis et un de leurs amis, le comte François Retaillau qui signait Augustin Fransque, une revue catholique intitulée *Les Cahiers 1929.* Les inspirateurs de cette jeune revue étaient Jacques Maritain et Henri Massis, apparentés par ces deux noms à la fois à Léon Bloy dont Jacques et Raïna Maritain avaient été les admirables et indéfectibles catéchumènes, et à la constellation de publications ou d'influences organisées autour de l'*Action française.* Dans leur manifeste, les rédacteurs des *Cahiers 1929* employaient la langue de Léon Bloy pour « tuer le monde moderne par les violences spirituelles du sacrifice », en même temps qu'ils révélaient Jean Cocteau, Pierre Reverdy, Max Jacob, Henri Ghéon à la fois comme poètes chrétiens et comme continuateurs du symbolisme. Ils se recommandaient tout particulièrement, en outre, de Péguy et des Dominicains de Juvisy. C'était là un bagage. Mais ce bagage écrasait le trio porteur. Accablé comme un petit âne sous le double fardeau du catholicisme d'imprécation et de traditionalisme, le courageux attelage Godmé-Retaillau cherchait à la fois des capitaux et des débouchés plus vastes. La conjonction se fit grâce à Henri Massis. Nous rejoignons ici la chronologie de Brasillach. C'est une innocente petite phrase, en apparence insignifiante qui est à l'origine de l'ascendance laïque de la *Revue française*. « Nous écrivons à l'*Etudiant français*... » Cette phrase cache une péripétie, une simple péripétie, rien, et tout, peut-être. Les étudiants de l'Action française s'étaient mutinés, avaient refusé de faire leur journal, trois normaliens firent en une nuit le journal à leur place, d'où invitation au manoir d'Anjou, chez le comte de Paris, d'où entrée à la *Revue Universelle*, d'où chronique littéraire de l'*Action française*, d'où *Revue française*, d'où *Je suis partout*... Un simple silex, une étincelle, une traînée de poudre. Les trois normaliens s'appelaient Robert Brasillach, Jacques Talagrand qui fut plus tard Thierry Maulnier, le troisième était le signataire de cet article.

En effet, quelques semaines plus tard, Henri Massis, dans un bureau de la *Revue Universelle* mettait en relations les protégés des *Cahiers* et les nouveaux venus à l'*Action française*. La conversation, raconte plus tard Thierry Maulnier, se prolongea tard dans la rue puis chez Jean Maxence. Peu après, l'éditeur Antoine Rédier confiait à Jean Maxence le soin de rénover la *Revue française* en y faisant rentrer de nouveaux rédacteurs. Robert Francis garda la direction des *Cahiers* qui durèrent encore quelque temps. Jean Maxence commença son pontificat à la *Revue française*, le 1er novembre 1930 : il allait durer jusqu'au milieu de l'année 1933.

En raison des trois composantes dont elle était l'amalgame, la *Revue française* garda un certain caractère hétéroclite dont elle ne se débarrassa que peu à peu. Les anciens rédacteurs furent les moins encombrants. On fut, à leur égard, aussi mufles qu'ingrats. La fondation de la *Revue française* remontait à l'année 1905 : il y avait eu, depuis ce temps, plusieurs causes de mortalité : ils n'en étaient pas responsables. Quelques-uns furent longtemps inexpugnables. Cela créait d'étranges disparates. Antoine Rédier, propriétaire non seulement de la *Revue française* mais des éditions de la *Revue française,* sexagénaire retranché dans des idées générales honorables et indolores conservait jalousement le leader qu'il ne partagea avec Maxence qu'après un an de cohabitation. Eugène Langevin qui avait été son rédacteur en chef restait titulaire d'une chronique littéraire consciencieuse et prudente. Des rédactrices sensibles parlaient des mères, de la reliure, des engelures des petits oiseaux.

En revanche, et dans les mêmes numéros, les vieux curés abonnés à la revue recevaient en rafales des noms d'écrivains qui leur étaient inconnus : Duhamel, Jules Romains, passe encore, mais Gide, Malraux, bientôt Claudel, Proust, Valéry, Jouhandeau, Supervielle, Joyce... Tout cela aujourd'hui n'a rien de sensationnel, mais cette pluie s'abattait sur des gens qu'on avait habitués à regarder Paul Bourget et Henri Bordeaux comme guides spirituels et qui s'indignaient qu'on pût discuter le talent reconnu d'Henri Bataille, de Bernstein, de Porto Riche.

Ce bataillon, pareil aux Croisés qui partirent pour Jérusalem, marchait dans le plus grand désordre et sous les habits les plus variés. Les nouveautés elles-mêmes étaient présentées comme dans un magasin de quincaillerie. On ne savait pas très bien s'il fallait respecter Duhamel ou essayer de comprendre Valéry, si Jules Romains était un nouveau Balzac ou s'il fallait lui préférer Marcel Proust. Une bonne odeur antigermanique montait de ce jeune laboratoire intellectuel. Etait-ce à cause des erreurs politiques de Briand ou à cause des atrocités allemandes dans les camps de prisonniers, dont

Georges Desvallières racontait les horreurs dans de vivants et terrifiques souvenirs ? Les choses devinrent plus claires quand Thierry Maulnier s'installa dans la chronique politique. On avait enfin un adversaire. On découvrit que le principal ennemi était un petit journal briandiste, *Notre Temps*, dirigé par Jean Luchaire qui exposait à ses lecteurs les âneries dangereuses sur l'Europe que développaient Jean Monnet et Robert Schuman. Maxence en brandissait chaque numéro avec emportement, redressait son toupet roux et étendait près de la hanche une main impérieuse en un geste de Barrès que Massis lui avait appris.

Le ton devint plus nourri au bout de quelques mois quand la nouvelle équipe fut en place. Les tâches furent distribuées. Henri Massis, qui avait porté la *Revue française* sur les fonts baptismaux, restait le père et l'initiateur. Il étendait sur ces jeunes têtes le dais de ses Evocations, souvenirs de la vie littéraire qui donnait à la *Revue française* des ancêtres illustres et des fondateurs recommandables. Sous ce porche magistral, chacun prenait place dans sa niche. Maxence, tempérament polémique, exerçait le ministère de l'indignation. Thierry Maulnier, plus réfléchi, méditait sur les causes. Brasillach regardait la vie, faisant miroiter les spectacles, dénombrait les écrivains nouveaux, amusé du chatoiement des années vingt.

Robert Vallery Radot, rassurant, s'occupait de Lamennais. Jean de Fabrègues, inquiet, surveillait le front mouvant du néo-catholicisme. Robert Francis commençait des romans rêveurs, peuplés d'ombres gracieuses. Dans un coin, desservant modeste, je jouais les utilités, m'occupant des films. Les anciens des *Cahiers* tenaient sur les collines des positions fortifiées. Maurice Fombeure, trouvant que la poésie « avait mal à la tête », faisait passer sur elle un filet d'eau claire, rafraîchissant, qui continuait Ramuz et Max Jacob. Bernanos, alors inconnu, roulait ses gros yeux humides, dans un coin de l'imprimerie, en nous parlant avec enthousiasme de Drumont. Il y avait aussi des invités. Les uns étaient réconfortants, d'autres singuliers. Raoul Morçay, professeur à l'Institut Catholique, parlait de Mauriac. Stanislas Fumet venait en visite. Péguy, souvent attesté, mais aussi Chesterton, Georges Goyau, Marcel Brion, Auguste Cochin, c'était bon pour les abonnements. D'autres provoquaient l'étonnement. Pourquoi Hugo von Hofmanstahl sur Balzac ? pourquoi la correspondance d'Elisabeth Barrett et de Robert Browning, pourquoi des poèmes d'Emily Bronte que présentait le charmant vieux Daniel Halévy, pourquoi Joyce que j'expliquais avec autant d'intrépidité que d'ignorance ? Les abonnés qu'on conviait à ces promenades regrettaient les processions.

Chacun avait ses marottes, quelques-uns leurs inédits. Thierry Maulnier a écrit dans la *Revue française* d'intéressantes réflexions politiques, dont une partie seulement, je crois, a été reprise dans le volume qu'il a publié en collaboration avec Maxence sous le titre *La Crise est dans l'homme*, et c'est là aussi qu'il a commencé à faire paraître les premiers chapitres de son *Nietzsche*. Mais c'est aussi aux lecteurs de la *Revue française* qu'il a confié sa passion de la montagne et ses souvenirs de montagnards ainsi que les images de Marseille qu'il avait conservées de son enfance. Brasillach, de son côté, jonglait avec les petits dieux qui l'accompagnaient partout, Colette, Virgile, Jeanne d'Arc, Giraudoux, Supervielle, boules brillantes et colorées qu'il s'amusait à faire voltiger et qui causaient peut-être aux lecteurs de Saint-Yriex plus d'ahurissement que de plaisir. Il n'a recueilli dans ses *Animateurs de Théâtre* ou dans *Portraits* qu'une partie de ses articles de jeunesse qui n'ont été réunis, incomplètement, qu'au tome XI de ses *Œuvres Complètes* publiées par le Club de l'Honnête Homme, épuisées depuis longtemps. On trouve aussi, dans la collection de la *Revue française*, le début d'un roman de jeunesse, *Dix-neuvième année* écrit en 1928 et un poème non repris plus tard l'*Athée* qui ont été reproduits dans le même tome des *Œuvres Complètes*. Je suis gêné pour confirmer une phrase de *Notre Avant-Guerre* dans laquelle Brasillach avoue que nous n'hésitions pas, pour fournir de la copie « à publier froidement nos travaux scolaires ».

« Les résultats de ce rajeunissement intensif, ajoute-t-il au même endroit, ne se firent pas attendre : à la fin de l'automne 1931, la revue ne paraissait plus que tous les quinze jours, et en juin 1932, elle devenait mensuelle... pour quelques mois seulement, avant de disparaître tout à fait. » Telle fut la fin de cette petite aventure du passé qui pourrait servir à illustrer, pour des esprits ironiques, une petite Histoire des variations des Eglises politiques.

M. B.

Pierre Sipriot

Montherlant et Brasillach

Montherlant et Brasillach, ces deux noms jurent. L'un retranché du siècle, n'en prenant que ce qui pouvait entrer dans son œuvre, sensible tout de même aux influences, aux problèmes de l'heure : « Les colonies sont faites pour être perdues », en 1947, dans *le Maître de Santiago.* Dans *La Ville dont le prince est un enfant* (1951), Montherlant glorifie l'école libre dans un moment où elle est mal en point. *La Guerre civile* (1965) déplace dans l'Antiquité la révolte des colonels d'Algérie. Montherlant a toujours conçu ses œuvres pour qu'elles soient *actives*, bien qu'il eût toujours l'air de ne pas y toucher.

Mais Montherlant n'est pas un militant. Il s'est tenu à l'écart de tout ce qui pouvait l'enchaîner à un parti. Tout choix le priverait d'un lecteur de droite ou de gauche qui, l'un comme l'autre, pouvait se reconnaître dans son œuvre. La beauté littéraire est un but vague et permanent qui s'ouvre sur l'inconnu. Brasillach, au contraire, fut un militant, cherchant à éclairer l'opinion, plus encore à la modeler. Sans doute, ce qui l'inspirait fut une *cause*, je veux dire un tréfonds, un idéal d'ordre et de beauté antique qu'on découvre dans son *Virgile,* plus que des *effets* qui serviraient l'Europe de Hitler et le Reich millénaire.

Montherlant ne cite qu'une fois Brasillach dans son œuvre (*L'Exil*, notes de 1954, *Théâtre*, édition de la Pléiade, p. 11). Il le cite à propos d'un article paru dans *le Petit Parisien* du 22 décembre 1943. Brasillach a fait son choix. Il met *L'Exil* « en un très haut rang, au même rang que *Service inutile* et *Mors et Vita* ». Le Montherlant préféré de Brasillach se sent directement concerné par le sérieux de la vie, la guerre, les valeurs nobles.

De là l'idée du « hobereau des lettres ». Sur la prétendue noblesse de Montherlant, je me suis expliqué [1]. Qu'importe ! La noblesse est un état d'esprit. Barbey d'Aurevilly, autre « hobereau des lettres », était tout bonnement Barbey, comme Montherlant était Millon. Montherlant « hobereau » se donne des armes : « la tour du désespoir français et qui brûle ». Désespoir de quoi ? De voir la littérature péricliter. Le public a perdu ces vertus intérieures qui font que la chose écrite avec minutie, avec intensité, peut être aussi belle quand il la lit que quand il la voit ou l'éprouve. Nos contemporains — et Montherlant le répétera jusqu'à la fin de sa vie, n'ont plus assez de cœur pour être des lettrés.

Montherlant fut-il un « hobereau » dans sa vie privée ? Oui, Montherlant vécut trente-deux ans quai Voltaire comme un noble sur ses terres, dans l'inconfort pour que rien ne le détourne du plaisir de travailler. L'argent filait dans des équipées sexuelles où il s'abandonnait au plaisir, à la rue. C'était son rendez-vous avec une joie adolescente dont il avait été privé et qu'il avait senti brûler à ses côtés sans pouvoir y entrer.

Robert Brasillach fut le seul critique dans la masse d'articles publiés sur la série *les Jeunes filles* (1936-1939) à avoir senti que Montherlant-Costals n'est pas un homme à femmes. Son fils naturel, Brunet — c'est

---

1. Voir *Montherlant sans masque*, tome I : *l'Enfant prodigue*, pp. 132-137 (édit. Robert Laffont).

par de prétendus bâtards que Montherlant cachait souvent sa pédophilie — Brunet dans le roman est plus important que Solange Dandillot ou Andrée Hacquebaut. Ajoutons qu'à l'époque, même pour son éditeur, Montherlant était l'homme couvert de femmes ; il les trouvait seulement déprimantes et elles gênaient son travail.

Sur *les Célibataires* (1934), Brasillach est moins sûr. Il cherche dans Balzac, dans « l'objectivité » — comme tous ceux d'ailleurs qui donnèrent à Montherlant le grand prix du roman de l'Académie française — la raison de ce livre en fait aussi personnel, aussi lyrique que *le Songe*. Quand on lit les lettres de Montherlant et de sa grand-mère[2], on découvre l'oncle Pietro (Elie dans *les Célibataires*), Henry de Riancey (Léon de Coantré), Montherlant habita avec eux pendant vingt-cinq ans. Il partagea leur dèche, leurs manies, les décombres de la villa Saint-Ferdinand à Neuilly. Tant de misère l'avait remis sur pied. Il ne coulerait pas comme eux. Il se le jura.

Sur la politique, la grande discorde entre Montherlant et Brasillach porte sur les accords de Munich. Brasillach s'est moqué du « bonhomme Montherlant » qui se mobilise lui-même pour courir aux frontières quand Hitler et Mussolini décident Chamberlain et Daladier à faire accepter par la Tchécoslovaquie, sur la question des Sudètes, « une solution amiable[3] ». Avec quelques isolés, Montherlant fut antimunichois : à droite, citons André Tardieu, Louis Marin, Henri de Kérillis, chez les socialistes, André Philip, le démocrate chrétien Emmanuel Mounier, et, évidemment, tout le groupe communiste qui voyait dans les accords de Munich un affront à Moscou tandis que pour l'autre camp, *Je suis partout*, Brasillach et presque toute la presse comme le gouvernement de l'époque,

---

2. Inédites, citées *passim* dans *Montherlant sans masque*, tome I, pp. 19 à 92.
3. Documents diplomatiques français, 2, XI, n° 1215, 19 septembre 1938, 3 h 15.

Munich, c'était l'échec au communisme soviétique qui soufflait sur la guerre en Europe de l'Ouest.

Quand Brasillach est le plus proche de Montherlant, il célèbre le poète de *Encore un instant de bonheur* (1934). Brasillach a senti comme personne que l'œuvre de Montherlant porte dans la poésie sa graine, sa réserve nutritive. Dans une page de l'*Equinoxe de septembre* [4], Montherlant parle de Solon qui abandonne ses armes, rentre dans sa maison, comme Achille sous sa tente, et se contente d'écrire désormais des poésies. Les « poésies » de Montherlant, ce sera son théâtre, de 1942 (*la Reine morte à la Guerre civile* (1965). Brasillach critique a aimé, dès 1934, le poète en Montherlant, ce poète qui restera si longtemps fidèle à lui-même, aussi longtemps que l'œuvre théâtrale 1942-1965.

P. S.

---

4. *Essais*, Pléiade, p. 848.

Jean Guitton
de l'Académie française

Henri Massis

A cette époque-là, 1931, Henri Massis avait fait une conférence où il rapportait des souvenirs sur Anatole France, Barrès et Péguy. Maxence lui en demanda le texte pour *la Revue*. Le mémorialiste se laissa séduire, et, peu à peu, la conférence devint un livre. Chaque semaine, Henri Massis, pareil aux feuilletonistes légendaires, nous donnait, toujours à la dernière minute, deux ou trois grandes pages sur sa jeunesse et l'autre avant-guerre. Nous allions chez lui, vers dix heures du soir, Maxence et moi, lui arracher les derniers feuillets qu'il nous lisait souvent, pour nous demander notre avis, et par souci barrésien de la phrase. Ce sont ces pages qui sont devenues son meilleur livre, *Evocations*. Il venait aussi à l'imprimerie corriger les épreuves, que nous emportions ensemble dans un petit café, sur une place proche, calme et provinciale. Nous n'étions guère troublés que par un brave gars qui mettait un jeton dans la boîte à musique, et nous parlions de Péguy, d'Henri Franck, de Bergson, de Mme de Noailles et de Barrès. Lorsque je parlai de son livre dans *l'Action française*, Henri Massis m'écrivit de tout son cœur : « *Ce livre écrit pour vous autres, il n'y a que vous qui sachiez en parler comme je désirais secrètement qu'on en parlât... Et je ne trouve qu'une seule chose à vous dire : je vous aime bien. Ainsi la vie continue : elle m'a apporté ce matin votre témoignage... et un petit-fils que je cours embrasser. Dans vingt ans, vous lui parlerez peut-être de son grand-père.* » Telle était son affection.

Robert Brasillach,
Notre Avant-Guerre.

Alain, qui savait discerner parmi ses élèves les princes (dont plusieurs sont encore parmi nous) avait aimé Massis pour une qualité qui les apparentait : l'indépendance. Il lui avait remis « Les Saisons de l'Esprit », avec cette dédicace : « Vous verrez que, semblables aux grandes puissances, nous finirons par tomber d'accord, à force de regarder tranquillement. »

Je ferai l'histoire de nos relations, qui fut celle d'une surprise. J'avais grandi si loin de Massis ! Mon père était abonné à « La Démocratie » de Marc Sangnier ; dans ses œuvres, ma mère s'inspirait du « Sillon ». Le nom de Maurras était enseveli dans la réprobation et le silence. Plus tard, je lus « Les Jugements » de Massis, qui m'irritèrent. Renan qu'il abhorrait était le plus tentant de mes étrangers. « Le Soeil de Satan » qu'il exaltait était pour moi un soleil noir.

Heureusement, dans mon cœur l'admiration peut se séparer de l'amour. N'ayant pas d'admiration pour « Les Jugements » de Massis, j'étais peut-être d'autant plus libre pour l'aimer.

Mais, pendant huit ans, chaque jeudi, je vis Massis. Et je découvris avec surprise un être délicat, élégant (un peu coquet), gentil, noble, respectueux de ses contradicteurs, ouvert à l'avenir, frémissant comme les feuilles du chêne, ferme comme le tronc du chêne, — tout à la fois sensible, vulnérable et inébranlable. Parfois, il me faisait penser aux moines guerriers du temps des Croisades, ou plutôt aux prophètes d'Israël prédisant les désastres avec une certaine secrète satisfaction. Comme Polyeucte, toujours prêt à briser quelque idole. Comme Cyrano, qu'il avait tant applaudi, « ne se battant pas dans l'espoir du succès, non, non, c'est bien plus beau, lorsque c'est inutile », et désirant passer le seuil bleu, la sottise vaincue, mais avec son panache.

Tel était son caractère. Quant à son œuvre, je la conçois comme une lutte incessante contre les barbares au sens latin du mot. En 1911, avec Alfred de Tarde, sous le nom platonicien d'*Agathon*, il pressent la guerre ; il prépare la jeunesse à l'holocauste. A cet holocauste, il prend part héroïquement. Vient la Seconde Guerre, l'épreuve la plus dure que la France ait connue dans son immense histoire, où les consciences de ses fils s'opposèrent jusque dans les familles, — où paradoxalement ces indomptables que Charles Maurras avait nourris dans son Idée si pure de la *France seule*, se dressèrent l'un contre l'autre, dans des camps affrontés. Vous savez quel fut le parti de Massis... A la Libération, il vit le maréchal Pétain voué à une mort lente, bien plus dure que la mort ; Maurras condamné ; Brasillach fusillé.

Impavide, identique, il demeura, — acceptant son sort avec sérénité, comme la conséquence de sa fidélité à l'Idée, qui demeure. Alors il se consacra à une ultime croisade contre l'Asie et le communisme : la défense de l'Occident. Comparons les diverses faces de sa pensée : Patrie, Europe, Occident, Christianisme ; c'est toujours le même combat.

Nos destinées sont des symphonies inachevées. Toute œuvre est imparfaite, interrompue. Au-delà de l'œuvre de notre confrère, je désire définir son ressort : ce fut la passion de l'Absolu. Il s'était posé la même question à propos de Maurras, et il avait écrit : « Oui, c'est d'Amour, d'un Amour absolu que Maurras avait soif. Peut-être l'activité politique ne lui fut-elle qu'un moyen d'étouffer l'angoisse philosophique, de surmonter la disgrâce de sa surdité ? »

J'ajouterai que c'est grâce à cette passion, aux deux sens de ce mot de passion (qui unit le don total à la douleur) que Massis pouvait être aimé de ses grands adversaires. Seuls ceux qui sont épris d'Absolu ont le pouvoir et le droit d'honorer leurs contraires. L'Absolu qu'ils désirent (et dont ils savent qu'il est hors de toute atteinte) les rassemble dans des voies opposées, comme un pic inaccessible. Plus leurs ascensions s'opposent, plus ils savent qu'ils se rencontreront, dans le temps ou hors du temps, sur le sommet.

J'ai cité l'amitié d'Alain le positiviste avec Massis le catholique. Mais je désire évoquer une autre amitié, plus notable peut-être, tant il est difficile d'aimer son prochain et de ne pas lui préférer son lointain. De cette union finale d'Henri Massis le royaliste et de François Mauriac le démocrate, j'ai été le témoin chaque semaine à l'Académie, lorsque je contemplais de la place où je suis le regard de Massis et le regard de Mauriac se croisant comme deux épées, ou plutôt comme deux flammes.

Le 18 novembre 1971, Pierre-Henri Simon a évoqué sous la Coupole le dernier temps de Massis parmi nous. « Alors Massis, disait-il justement, dut surmonter ses propres maux pour alléger ceux de sa femme, avant de rester seul au bord de la misère, au cœur de la douleur.

Au milieu de vous, son chemin de croix s'interrompait. Jeudi après jeudi, vous lui avez doucement fermé les yeux dans une suprême vision d'amitié avec tous, comme il le souhaitait dans l'ultime période de sa vie. »

Puis-je ajouter que, de toutes les sociétés humaines, l'Académie est sans doute la « Compagnie » où, dans la dernière phase de l'existence, on peut grâce à des nouveaux amis vivre une dernière jeunesse, avec l'espérance de mourir consolé ?

« Je me suis tenu dans le camp opposé, Dieu le sait, a dit Mauriac dans son adieu à Massis. Mais enfin, après ces sombres années, le combat s'est déplacé. Et Massis je le vois à la même place du champ de bataille, debout, près de la tombe de son maître vaincu. »

Puis Mauriac citait le dernier mot de ce vaincu mourant, que lui avait rapporté le duc de Levis Mirepoix et que Mauriac appelait « le plus beau mot que l'approche de l'éternité ait jamais inspiré à un homme aux oreilles fermées depuis l'enfance » : « Pour la première fois, j'entends venir quelqu'un. »

Jean Montador

Robert Brasillach et Jacques Bainville

> « *En 1939, on commençait à savoir que le destin, pour suivre son plan inéluctable, avait trouvé plus simple de réaliser page à page les* Conséquences politiques de la paix *de Jacques Bainville.* »
>
> Robert BRASILLACH [1].

Après quarante ans de silence, on recommence à s'intéresser à Robert Brasillach, poète égaré dans la politique, enfant perdu de l'Action française, fusillé à la Libération pour collaboration avec l'ennemi. Un excellent livre, dû à Mme Anne Brassié, va paraître prochainement, qui apportera toute la lumière sur cette tragique destinée.

On sait que Robert Brasillach, séduit d'abord par la doctrine de Charles Maurras, s'en écarta peu à peu pour aboutir à la rupture en pleine guerre, en 1942. On connaît également son admiration pour Léon Daudet et pour son talent de polémiste, talent combien dangereux dans le climat de guerre civile qu'était l'Occupation ! Mais quelle fut l'influence de Jacques Bainville, le numéro trois de l'Action française, sur le jeune écrivain ? Trente années les séparaient. Mais ce n'est pas seulement ce presque tiers de siècle qui impressionnait le benjamin de l'école maurrassienne. « De ceux que j'ai connus, affirme-t-il dans son livre de souvenirs *Notre*

---

1. On doit, à Jean Montador, la première grande étude sur l'œuvre de Jacques Bainville - 1879-1936 (édit. France-Empire).

Avant-Guerre, c'est peut-être l'homme qui m'en a le plus imposé. Non qu'il ne fût d'une gentillesse parfaite, mais je ne crois pas qu'aucun de ceux qui l'aient approché n'ait pas ressenti cette domination extraordinaire qu'était la sienne. »

Robert Brasillach avait signé son premier article à l'*Action française* le 1ᵉʳ mai 1930 et, peu après, il était entré à *Candide* et à *Je suis partout* qui, à l'époque, se spécialisait dans la politique étrangère. Il tenait dans ces trois journaux la critique littéraire ce qui ne prêtait pas à de graves dangers.

C'est surtout, nous dit-il, à la *Revue Universelle*, dirigée par Jacques Bainville, qu'il avait l'occasion de rencontrer son aîné. On peut penser qu'un goût commun pour les lettres et notamment pour la poésie devait les rapprocher. Mais, pour le reste, on ne peut rêver tempéraments plus dissemblables.

Jacques Bainville est un Lorrain, non pas froid mais calme, méthodique, gardant en toute chose le sens de la mesure. Il se défie par-dessus tout des sentiments prétendument généreux ou héroïques. Nul n'est moins que lui porté à l'enthousiasme. Ses armes, qui rendent sa lucidité si redoutable, sont l'expérience, la logique du raisonnement, le bon sens.

Robert Brasillach, au contraire, est un sensitif épris d'absolu. Ce n'est pas la raison qui le guide mais son cœur. Il est fasciné par les vertus d'héroïsme, de sainteté, de patriotisme et d'amitié. Son père, lieutenant de l'armée française, a été tué à la tête de sa section, en 1914 au Maroc, en attaquant une position défendue par les insoumis. Cette mort héroïque marquera son fils pour toujours. Toute sa vie, à l'image de son père, Robert montera à l'assaut crânement pour la défense de certaines idées qui lui sont chères. Mais l'enthousiasme, sans la réflexion, n'engendre que l'imprudence et l'erreur.

Quand on analyse l'œuvre et la courte vie de Robert

Brasillach, on s'aperçoit qu'il a bien mal assimilé l'enseignement de Jacques Bainville.

Sans doute avait-il retenu la leçon première, la plus voyante, l'essentielle si l'on veut, qui constitue le fond de la doctrine de l'*Action française* : la critique de la démocratie parlementaire, l'exaltation de la monarchie présentée comme le recours indispensable à la sauvegarde de la France, la méfiance à l'égard de l'Allemagne... au moins jusqu'à la guerre.

Mais il n'a rien compris — il n'est pas le seul ! — à la leçon profonde de Jacques Bainville, à tout ce qui constitue son apport personnel : la mise en garde contre toute idéologie quelle qu'elle soit — de droite ou de gauche —, la conscience de l'intérêt bien compris du peuple français, le raisonnement basé sur la méthode expérimentale et la connaissance de l'histoire, la modération dans l'expression, bref, le bon sens systématisé. Et les idées qu'il va défendre — jusqu'à en mourir —, il n'aura pas cherché à analyser si elles étaient vraies ou fausses et quelles en étaient les conséquences. Il a simplement cru en elles parce qu'elles lui paraissaient généreuses et conformes à l'intérêt immédiat de la France.

Quelles sont-elles ces idées qui seront autant de chefs d'accusation portés contre lui à la Libération ? Et en quoi Jacques Bainville aurait-il pu en être le promoteur ?

L'antisémitisme ? On chercherait en vain dans toute l'œuvre de Jacques Bainville un seul texte contre les juifs. Quel contraste à côté des articles virulents de ses confrères de l'*Action française* ! Et l'on sait qu'au moment de « l'Affaire », Jacques Bainville, dans ses lettres à un ami, n'avait pas caché sa conviction de l'innocence du capitaine Dreyfus. Il critiquait Zola d'avoir « cassé bêtement les vitres », d'avoir occulté l'idée de justice en attaquant ainsi la fibre nationale. « J'en veux d'autant plus à Zola que c'est lui, lui seul, avec sa Lettre à M. Félix Faure, qui m'a empêché d'être tout de suite du bon parti. » Ce n'est donc pas chez Jacques Bainville que Robert Brasillach aura puisé ses sentiments antisémites.

La collaboration avec l'Allemagne ? Jacques Bainville a lutté pendant trente-cinq ans, jusqu'à sa mort, pour dénoncer le péril de l'Allemagne impérialiste de Guillaume II, puis nationale-socialiste d'Adolf Hitler. Nul n'a, autant que lui, mis les Français en garde contre la montée de l'hitlérisme et réclamé une triple alliance de la France, de la Grande-Bretagne et de l'Italie pour s'opposer aux ambitions effrénées du Führer. Au surplus, Jacques Bainville était anglophile. S'il critique parfois les erreurs de la politique anglaise, jamais il n'attaque l'Angleterre en laquelle il voit le plus précieux allié de la France. Il connaît l'implacable ténacité des Anglais dans la guerre. « Lente à voir les choses, lente à se décider et à se mettre en train, l'Angleterre va jusqu'au bout, une fois qu'elle a pris son parti. » N'est-ce pas ce qui s'est passé au cours de la Seconde Guerre mondiale ? Cette force était une certitude de victoire finale.

On peut affirmer sans crainte que, pour Jacques Bainville, la politique de collaboration avec l'Allemagne lui eut semblé doublement aberrante. Ce n'est donc pas non plus la lecture de Jacques Bainville qui aura inspiré les positions collaborationnistes de Robert Brasillach.

Serait-ce alors le « fascisme » ? On sait que Robert Brasillach a été littéralement fasciné par l'exemple du fascisme « à l'italienne », comme par les idées de Primo de Rivera, fondateur de la Phalange espagnole et fusillé par les rouges au début de la guerre civile d'Espagne. Il rêvait d'un « fascisme à la française »...

D'ailleurs, pour Robert Brasillach, le fascisme n'était pas vraiment une doctrine mais une excitation, une fièvre, « un mouvement non de la raison, mais du sentiment, la recherche d'une atmosphère enfiévrée ». Que cette exaltation est loin de Jacques Bainville !

A aucun degré ce dernier n'est attiré par le fascisme italien. Il n'en parle jamais. Il sait gré à Mussolini d'avoir relevé la puissance de son pays parce qu'il tient l'Italie pour une alliée naturelle de la France. Il applaudira le « duce » d'avoir empêché l'Anschluss de l'Autriche par l'Allemagne en mobilisant deux divisions sur le Brenner après l'assassinat du chancelier Dolfuss. Et il déplorera le conflit anglo-italien à propos de l'Ethiopie parce que celui-ci ruine le « front de Stresa ».

Mais Jacques Bainville ne vante jamais le fascisme italien et ne le propose en aucune façon en exemple à la France. La chose lui eut semblé plaisante. Quant au concept de « Révolution nationale », on peut être assuré que Jacques Bainville, ennemi de toute révolution, se fût défié de celle-là comme de toute autre. Impossible, là encore, d'accuser Jacques Bainville d'être à l'origine des sentiments pro-fascistes de Robert Brasillach.

On voit que, finalement, le malheureux n'aura retenu que peu de chose de l'enseignement de Jacques Bainville. Un principe de base : suivre, en toute circonstance, l'intérêt de la France. Encore faut-il savoir déterminer avec précision et lucidité où il se trouve...

Pour ne l'avoir pas su, l'infortuné Robert Brasillach est mort, un petit matin d'hiver, au Fort de Montrouge.

J. M.

Bernard George

Robert Brasillach romancier

Les romans de Robert Brasillach... un monde, pour celui qui en a vécu ; un monde de sentiments ouatés, d'allusions, de murmures, d'incantations qui sont parfois prières et cantilènes, de pirouettes légères qui sont souvent pudeurs et mots de passe ; longtemps un monde d'apparence légère, tout intériorisé. Longtemps — parce qu'il y a les derniers romans.

A la même époque (à peu près) un autre écrivain publiait des romans célébrés et adulés, des romans fracassants, qui se voulaient témoins de la vie du monde, fuligineux et provocateurs, « engagés », pleins d'idées-spectacles souvent fausses et mortelles. C'était Malraux. Il est devenu ministre, couvert d'honneurs au terme d'une longue vie. Le premier est mort jeune — de ses idées. Le Destin a de ces voies qui donnent parfois à réfléchir.

⁂

Dans la très belle préface, écrite comme à voix basse, qu'il a donnée aux romans dans l'édition des *Œuvres Complètes* de Robert Brasillach au Club de l'Honnête Homme, Marcel Aymé a noté : « Ainsi s'agit-il beaucoup moins de création que de reconstitution, de recherches du temps perdu et d'occasions pour le romancier de rejoindre un univers et des impressions de son enfance, l'action même n'étant parfois qu'un prétexte. » C'est la définition même du roman *poétique* et cela est vrai des premiers romans.

Du tout premier, *Le Voleur d'étincelles* (1932), l'auteur (il a alors vingt-trois ans) disait lui-même : « pseudo-roman, album d'images de mon pays méditerranéen ». On peut parler à peu près de même des deux suivants qui ressortissent à la même veine, bien que l'époque inspiratrice en soit plus proche dans le temps : *L'Enfant de la nuit* (1934) et *Le Marchand d'oiseaux* (1936). Sur ces trois *semble-romans*, comme il l'écrira lui-même plus tard, une influence se fait sentir, facile à reconnaître : celle du cinéaste tant admiré René Clair. A Vaugirard ou à Montsouris, les personnages semblent faire des clins d'œil à leurs amis des fantaisies-ballets de l'auteur du *Million*. Mme Pluche, Pascaline Belletête, Juste Contremoulin, Marie Lepetitcorps, Mme Rustique ou Paulin Garrouste tournent à l'évidence une ronde qui évoque les comédies-poursuites de René Clair ou les pièces façon commedia dell'arte de Goldoni qui peut-être inspirèrent le premier. « J'écrivais de petits récits sur le Paris populaire, écrira-t-il plus tard dans *Notre Avant-Guerre*, un peu en marge des films de René Clair que j'avais tant aimés et qui m'avaient appris beaucoup de choses. » Récits en blanc et gris du temps de la jeunesse, de l'insouciance encore, qui laissent cependant au cœur une musique que n'oublie pas celui qui les a découverts avec son cœur.

⁂

C'est en 1936 sans doute que commence véritablement *l'avant-guerre*, que tonnent en Espagne les premiers coups sourds des canons de la Seconde Guerre mondiale. Dès lors, les nouveaux romans de Robert Bra-

sillach sont placés sous une lumière bien différente :
Comme le temps passe (1937) et *Les Sept couleurs*
(1939). Les pantins sont morts. Et désormais sourdent
les évocations de drames plus graves qu'une âme encore
légère tentait sans doute d'éviter de peindre dans toutes
les perspectives des abîmes à venir. Patrice, des *Sept
couleurs*, écrit à Catherine : « J'aime la légèreté des
choses, des actes, de la vie. Je n'aime pas la légèreté
des êtres. » Quel signe de rupture ! Si les pantins
apparaissent encore — Modeste Épitomé, Monsieur Pen-
tecôte, Monsieur Sénèque — c'est pour un ultime adieu
à la jeunesse. Et si Patrice s'éloigne de Catherine, ce
n'est pas par fatigue, c'est pour satisfaire à un autre
élan, un autre besoin de découverte et d'in-quiétude,
selon ce qu'un autre personnage du *Voleur d'étincelles*
de naguère notait avec le mot de Nietzsche : « Il faut
danser au-delà de soi-même. » Patrice est parti pour la
guerre de l'époque. Le père de Robert Brasillach était
tombé, lui-même très jeune, alors que Robert avait cinq
ans, dans une guerre marocaine. Il n'est pas si glorieux
de faire tonner dans ses livres le canon des guerres, on
peut y laisser sonner plus subtilement le glas des vraies
victimes.

**

Maintenant la guerre a embrasé la planète. Robert
Brasillach, pour des raisons sur lesquelles ce n'est pas le
lieu de revenir ici, a été amené à entrer dans le combat
politique, à se laisser entraîner dans l'*engrenage* qui fait
qu'au terrorisme de l'adversaire répond le terrorisme du
partenaire toujours prêt à accuser de lâcheté celui qui
parle de sagesse. Ce qui est à noter, c'est que les deux
romans publiés alors par Robert Brasillach — *La Conquérante* (1943) et *Six heures à perdre* (paru en feuilleton
dans les derniers jours de la guerre) — n'ont rien de
politique. Sinon très indirectement. Le premier, sans

doute le plus beau, le plus grave, le plus complexe, évoque le Maroc de suint de mouton, laine, cuir, encens et cannelle, âme même de sa première enfance : monde de pionniers, rêve d'*unanimisme* d'une société faite d'individualisme et de communion plus chaleureuse — contradiction féconde qui fait un grand songe. *Six heures à perdre* était brossé sur fond de tableau de vie quotidienne sous l'Occupation. Dans l'un et l'autre, c'est la peine et les espoirs de l'homme réel qui donnaient leurs vraies couleurs à ces belles tapisseries de l'intelligence et du cœur.

*
* *

Les romans de Robert Brasillach... cet abord ne doit pas cacher que l'œuvre de ce grand écrivain, que Jean Anouilh a placé « parmi les premiers de langue française », apparaît d'abord comme une coulée unique où, à travers les différents genres — romans, critique, théâtre, poésie, chroniques — les thèmes s'entrelacent et se font écho, de l'amour à la poétique politique. Après une longue fréquentation de cette œuvre, des reculs et des retours, on peut penser qu'en son âme se trouve un thème, enchanteur et douloureux : le *temps*, temps qui passe, temps qui fuit... « et le passé et la jeunesse et le cruel bonheur... » : tempo comme celui d'un cœur essoufflé. Quelle merveille pour qui sait entendre !

Et puisque *temps* il y a, il ne faut jamais oublier que la vie de Robert Brasillach a été coupée alors qu'il n'avait que trente-cinq ans ! « On n'a pas intérêt à devenir vieux », lance un personnage de *La Conquérante*. Après une trentaine de volumes et une montagne d'articles publiés, vers quels horizons aurait-il évolué ? Sa mort précoce laisse en suspens la réponse. Il nous reste à toujours entendre les deux voix de la poésie de son œuvre : la jeunesse et la mort.

B. G.

ROBERT
BRASILLACH

PORTRAITS

BARRÈS - PROUST - MAURRAS
COLETTE - GIRAUDOUX - MORAND
COCTEAU - MALRAUX

ETC..., ETC...

PARIS

LIBRAIRIE PLON

LES PETITS-FILS DE PLON ET NOURRIT

IMPRIMEURS-ÉDITEURS — 8, RUE GARANCIÈRE, 6°

Maurice Bardèche

Portraits

Portraits parut aux Editions Plon en octobre 1935 [1].
C'est à l'origine un recueil d'articles : mais c'est aussi
quelque chose de plus en raison du choix fait par l'auteur et de la refonte d'une partie des textes. Bien que
le titre ne promette au lecteur qu'une série d'études sur
des contemporains, c'est en fait la sensibilité de l'écrivain qui s'exprime la plupart du temps à l'occasion de
cette confrontation avec d'autres sensibilités et d'autres
manières de voir la vie.

Le volume porte en sous-titre : *Barrès, Proust, Maurras, Colette, Giraudoux, Morand, Cocteau, Malraux*, etc.
Cette énumération protocolaire est une idée de l'éditeur.
En fait, le plan de l'ouvrage nous renseigne mieux sur
les intentions de l'auteur. Les études sont classées en
trois chapitres : le premier « Les mains pleines » est
consacré à Colette, Maurras et Barrès, le second « Arts

---

1. En 1926, quand il était à Louis-le-Grand dans la classe
d'André Bellessort, Robert Brasillach s'était déjà amusé à rédi-
ger une série de courts portraits sous le titre de *Directions*. En
ce temps-là, les portraits esquissés était ceux de Maurras,
d'André Gide, de Paul Morand et de Jacques Maritain. Sur un
feuillet qui paraît se rapporter à ce projet, on voit qu'il pensait
encore à Barrès, à Anatole France, à François Mauriac, portraits auxquels il voulait ajouter celui de Roger Vailland, son
camarade de Louis-le-Grand, qui avait alors dix-huit ans.

poétiques » présente Marcel Proust, Giraudoux, Mme de Noailles, le troisième « Après inventaire » est d'un ton très différent et reproduit surtout des chroniques du feuilleton littéraire de l'*Action française* qui concernent des écrivains à la mode que Robert Brasillach traite sans indulgence : Jean Cocteau, Paul Morand, André Malraux mentionnés par l'éditeur en sous-titre, mais aussi Joseph Delteil, Drieu La Rochelle et Jean Guéhenno. Il y a donc d'abord une hiérarchie dans *Portraits* : d'abord les écrivains que l'auteur regarde comme des maîtres, puis ceux qui sont à ses yeux de grands écrivains, enfin ceux qu'il ne regarde à ce moment que comme des auteurs à la mode qui figurent à ce titre dans une sorte de bilan de liquidation.

Pour terminer cette présentation il faut encore rappeler deux particularités. D'abord les articles qui ont servi de point de départ à *Portraits* remontent à des dates différentes. Quelques-uns ont été écrits tout à fait au début de la carrière littéraire de Robert Brasillach, à l'époque de la *Revue française* en 1931 : d'autres, en revanche, appartiennent aux années 1933 et 1934. Ces dates ne sont pas indifférentes. Malgré l'étonnante précocité de Robert Brasillach, sa sûreté n'est pas aussi complète, sa vision n'est pas aussi large, ses analyses ne sont pas aussi pénétrantes à vingt-deux ans qu'à vingt-cinq. Il y a donc dans l'ensemble du livre et même à l'intérieur de certains chapitres des disparates qui ont pour cause l'évolution de sa maturité. Ce qu'on pourra constater en particulier dans le chapitre qui concerne Marcel Proust. Ensuite, n'oublions pas que, par leur date, certains des articles utilisés sont postérieurs de peu de temps à cette enquête sur « la fin de l'après-guerre » que Robert Brasillach avait menée dans *Candide* pendant l'été de 1931 et qui était apparue à certains égards comme une sorte de manifeste de la jeune génération littéraire. La dernière partie de *Portraits*, celle qui est intitulée : « Après inventaire », représente en somme la suite et le développement de cette enquête. Mais les deux premières s'en inspirent aussi d'une autre manière. Elles déclarent de quoi *l'un* des représentants de cette jeune génération se sent tributaire dans le patrimoine littéraire de son temps et aussi ce qui lui paraît admirable. Cet *actif* du bilan est tout personnel : *Portraits* n'est nullement un livre dogmatique. Il est également incomplet : on sent que dans la deuxième partie, en particulier, et même dans la première, d'autres hommages auraient pu prendre place. L'auteur ne revendique pas Péguy, il ne s'interroge pas sur Gide, ni sur Claudel, il ne mentionne pas Montherlant. Souvenons-nous ici du titre : ce ne sont que des « portraits », ce n'est pas un panorama. On voit clairement ce que Brasillach retient dans la génération qui l'a précédé ; par ses silences, on peut se dire qu'on devine sur quoi il hésite ; par ses condamnations, on prend acte de ce qu'il rejette. Tout cela a un sens, mais tout cela est aussi d'humeur, il ne faut pas l'oublier : ce n'est pas un jugement, ni une séparation. C'est une exposition de ses toiles par le critique, voilà tout.

La critique littéraire telle que la conçoit Robert Brasillach n'est donc nullement une critique dogmatique. Elle ne part ni d'une croyance, ni d'une définition de l'homme, ni même explicitement d'une certaine conception de la culture et de la vie sociale. Malgré l'amitié de Brasillach pour Henri Massis, sa critique ne s'apparente pas à *Jugements* qui déduit une classification littéraire d'une pensée directrice. La différence des titres l'indique suffisamment. Elle ressemble encore moins à la confrontation établie par Maxence dans *Positions* qui parut à la même époque que *Portraits* : car *Positions* ne faisait que reprendre la méthode de *Jugements*, mais en la faisant aboutir aux figures de ballet de l'actualité littéraire. Ce n'est pas non plus la critique d'Albert Thibaudet : vigneron et professeur, mais plus vigneron que professeur, Thibaudet promenait son tastevin dans la

grande cave où était conservée la vendange des siècles ;
il goûtait les crus, les classait selon leur terroir, disait
leur degré, caractérisait leur parfum, et sa science lui
servait à retrouver les apparentements perdus. *Portraits*
ne garde aucune part de cet héritage de Sainte-Beuve.
Enfin, la critique de Brasillach ne sortait pas non plus
d'une méditation approfondie sur un écrivain ou sur
une forme de création, comme celle de Thierry Maulnier
dans son *Racine* qui fut publié un peu plus tard : il
n'aboutit pas à une esthétique, il ne la recherche même
pas. Chez lui, tout est réaction personnelle.

La critique de Robert Brasillach est donc résolument
impressionniste. Elle est même impressionniste avec
allégresse. Il ne se pose pas un instant la question qui
est à l'origine de toute critique, qu'on devine chez tant
de critiques illustres qu'on sent au fond peu assurés.
Au nom de quoi juger ? Embarras qu'on flaire chez
Sainte-Beuve qui se munit de filins et de cordages pour
rester relié au vaisseau et qui ne s'avance en terre étrangère qu'avec circonspection, explorateur toujours prudemment escorté d'indigènes et de porteurs et gardant
des liaisons avec la côte, cartographe de la littérature
au fond. Cette interrogation essentielle dont la réponse
nourrit et soutient la certitude des dogmatiques et des
doctrinaires, c'est peut-être à cause d'elle que les grands
écrivains s'avancent dans le domaine de la critique d'un
pas si ferme et souverain. Si nos plus grands écrivains
sont aussi, quand ils daignent l'être, nos plus grands
critiques, c'est sans doute parce que cette seconde vue
qui leur fait apercevoir un monde inconnu avant eux
et qui leur dicte leur œuvre leur dicte aussi leurs jugements. Ils pénètrent l'œuvre des autres par une certaine
manière qui leur est propre de sentir la vie et ces ondes
nouvelles qu'ils apportent décomposent le spectre d'une
œuvre infiniment mieux que nos loupes et notre patiente
attention. Mais le critique impressionniste, on n'y prend
peut-être pas assez garde, se trouve dans la même situa-

tion qu'eux. Lui aussi n'a plus d'amarres. Il juge, mais
sa critique le juge. C'est sa personnalité, c'est sa sensibilité tout entière, c'est sa qualité humaine et même,
plus qu'on ne croit, sa qualité créatrice qui sont enga-
gées dans sa critique. De là vient qu'on constate tant
d'inégalités dans la critique impressionniste, car chacun
n'y est que ce qu'il est. C'est une épreuve et peut-être
une des plus difficiles que de s'affronter aux grandes
œuvres. A chaque instant, il faut avouer.

En fait, ces exigences de la critique impressionniste
sont rarement réalisées. Le critique littéraire est le plus
souvent un honnête homme qui parle convenablement
de la production courante. De talent, il n'en est pas
toujours question. D'une vision propre du monde, moins
encore. C'est ce qu'on peut aimer dans la critique de
Robert Brasillach, qu'il se risque. Il y engage naïvement,
profondément toute sa sensibilité. Plus que ce Jules
Lemaitre qu'il admirait tant à dix-sept ans, auquel il
aspirait à ressembler et qui fait penser si souvent aux
invités de Mme Verdurin qui font des plaisanteries
faciles. Plus que son autre bon maître, André Bellessort,
qui restait malin sous ses apparences d'improvisateur et
ne livrait que son expérience, parlant peu de lui. Brasillach, lui, livre son cœur. Sa critique est joie : joie presque enfantine de donner et de faire partager. C'est l'admiration, c'est l'intelligence qui débordent et ne peuvent
se taire. C'est un bonheur dont il veut nous faire cadeau.
Il ne pouvait se retenir, lisant un livre qu'il trouvait beau,
de se lever soudain et de me dire : « Ecoute ! » J'étais
parfois à cent lieues. Mais il fallait que j'écoute, c'était
plus fort que lui. Il ne fallait pas priver le Caliban que
j'étais de la belle bille d'agate. Et de sa voix qui savou-
rait les phrases, un peu trop apprêtée, un peu trop réci-
tante, il lisait avec délices les vers harmonieux qu'il
avait trouvés dans quelque argile.

Faut-il dire, comme je l'ai écrit plus haut, qu'aucune
conception de la culture et de la vie sociale ne guide ce

goût tout instinctif ? Ce plaisir de lire et de comprendre est assurément le fruit d'une culture : et de cette culture on aime à se rendre compte à soi-même. Mais cette culture est-elle plus chez Brasillach qu'une partie de lui-même et détermine-t-elle son choix ou est-ce l'instinct seul qui le guide ? Il a répondu lui-même à cette question en plaçant en tête de *Portraits*, parmi ceux qui s'avancent « les mains pleines », Colette symbole de l'instinct et Maurras symbole de la culture. Mais par la différence de ton, de plénitude entre les deux chapitres, comme on sent qu'il penche vers l'instinct ! Son accord avec Colette est total, parfait, il se reconnaît en elle. Il perçoit comme les siens chacun de ses mouvements, il parle d'elle comme il parle de la mer, du soleil, de la terre, des fruits. Il parle d'elle comme s'il parlait de lui-même. Et il la place en tête, devant tous, devant le Maître lui-même qui sera « l'essentiel » alors qu'elle est « la sagesse ». Et comment ne pas discerner un effort secret, oh ! presque imperceptible, reconnaissable seulement au volume de la voix, au mouvement de l'enthousiasme, dans la révérence devant la Raison ? Maurras est l'essentiel parce qu'il est la vie, nous dit Brasillach, il lutte contre « le charme pernicieux des fumées incertaines », il est un « prince de chair et de sang » qui combat les « princes des Nuées » : *unum necessarium*, la préservation de la vie, de notre race, de notre civilisation. C'est bien en effet ce que Brasillach ressent, aussi fortement sans doute que le sensualisme de Colette, si fortement que c'est finalement le sens de son engagement de 1941. Mais n'y avait-il pas autre chose en Maurras que ce que Brasillach lui donne de lui-même ? Pourquoi faut-il que cette défense de la vie, de la race, de la civilisation, s'arrête à la ligne bleue des Vosges et ne connaisse au-delà que menaces de la Barbarie ? Est-il inconcevable que d'autres périls naissent, qu'une autre carte de l'Europe s'élabore qui reculerait cette frontière où doit être défendu ce

qui est « l'essentiel » ? Brasillach s'arrête au moment
où il faudrait s'ériger en juge. Il décrit admirablement
Maurras, il l'explique admirablement, mais il laisse de
côté certaines parties de son caractère qui ne sont pas
les moins attachantes, ni les moins énigmatiques, « cette
obstination de brute » en particulier dont il parle quelque part, sans laquelle nous ne pouvons comprendre le
Maurras des dernières années, pareil à un frelon qui
bourdonnait et se cognait furieusement aux vitres de sa
propre pensée.

En d'autres cas, dans son Proust ou son Giraudoux
par exemple, le portrait est fait d'images qui se recoupent et sont prises sous un angle différent. Et aussi à
des dates différentes, ce qui est parfois sensible.

Le portrait de Marcel Proust est obtenu ainsi par des
approches successives. Et Brasillach commence par ce
qu'il comprend le mieux, la recherche du bonheur. Il
retrouve là quelque chose qu'il sent. Mais aussitôt il est
déconcerté. Lui sait *évoquer* le bonheur passé, il le
ramène à lui par des incantations simples et il nage avec
délices dans cette nappe du passé qui est tiède et apai-
sante. Toute son œuvre consiste à se laisser recouvrir
par cette vague au-devant de laquelle il va. Dans sa
prison même, ce pouvoir de magicien lui donne une
trêve. Il est très étranger à ce qu'apporte Proust, il est
même scandalisé à la fois par cette mémoire analytique
qui ne lui apporte que doute et souffrance et par ce
miracle qui brise soudain et capricieusement la vitre
opaque qui nous sépare d'un monde immobile et vivant
que ce coup de baguette seul peut ressusciter. Alors il
cherche dans la maladie la clef du mystère de Marcel
Proust. Et il ne la trouve pas non plus parce que l'*arche*
lui refuse des vrais secrets. La prison flottante de laquelle
Proust voit le monde n'est pas seulement sa chambre
de malade : c'est la prison dans laquelle le maintient
une vue *inversée* de la vie et des hommes, qui le sépare
mais qui lui permet aussi de tout déchiffrer. La sensi-

bilité qui s'élabore dans cette chambre bien close se nourrit à des racines capricieuses et perverses, étranges mais prodigieusement riches qui distillent des poisons que nous ne connaissons qu'en doses imperceptibles mais dont la présence donne à la vue intérieure une terrible acuité. Le monde que Proust reconstitue dans cette chambre noire, il n'est pas certain qu'il soit vu à travers le désespoir et le néant : mais d'abord il est *décrypté*, il est lu autrement que ne lisent les autres hommes et la puissance comique de Proust vient peut-être de ce que, hormis ceux qu'il décèle et rend transparents, les autres ne sont que des figurants sociaux du grand drame de l'inversion qui sont présents sans comprendre. Et la question n'est pas de savoir si « le bonheur dans l'arche est un mensonge », mais de percevoir que Proust n'est pas justement « le frère de ceux qui sont liés aux destins fuyants ». Sa revanche est dans cette lecture du monde qu'il fait à l'envers et qui est si prodigieusement riche et peut-être aussi dans le plaisir pervers du *travestissement* perpétuel qui lui fait déguiser en filles d'un bout à l'autre de son livre les jeunes garçons qu'il avait aimés. Dès lors, la thèse du « mensonge de Proust » est peut-être plus ingénieuse que convaincante. Nous avons l'impression d'une extrême intelligence, d'une sensibilité très pénétrante, mais aboutissant, pour une fois, on ne sait pourquoi, à un résultat qui ne satisfait pas pleinement.

Faut-il expliquer cet embarras par la date de la rédaction ? Les deux premiers articles sont de 1931, ils ont paru dans la *Revue française* : au contraire, les deux fragments suivants du même chapitre sur Proust ont été écrits deux ans plus tard pour la *Revue Universelle*. Ils portent l'un sur la *poésie* de Marcel Proust, l'autre sur la *signification* de son œuvre. Et là encore on sent bien que le critique parle de choses qui lui demeurent en partie étrangères : non pas la poésie de Proust qu'il sent très vivement, mais la fonction que Proust donne à l'œuvre littéraire et qui est la même que celle de la peinture moderne : conserver le choc initial qui nous a révélé l'étrangeté inconnue qui est aussi la vérité des choses. Bien qu'il en parle avec autant de pénétration et de sympathie qu'on peut le souhaiter, c'est pour Brasillach à la fois une conception de l'art et un monde de sensibilité qu'il ne peut concevoir que par un effort d'imagination. Car il y a toute la peinture moderne dans ses formes les plus difficiles et les plus déconcertantes dans cette conception de Proust et aussi toute une littérature non moins inaccessible et aventureuse. Et il est sûr que par sa formation, par son tempérament et encore plus par ses modes habituels de conscience et de perception, Brasillach vit dans un autre monde. Il comprend les alcools, pas l'aventure au-delà du miroir. Tout cela débouche sur un *autre côté de la lune* auquel Brasillach n'aspire pas comme à une terre promise.

Ces *Quatre images de Marcel Proust* nous avertissent alors d'une difficulté propre à la critique impressionniste. L'homme complet, ayant réponse à tout, ou plus exactement étant par nature un écho à toute interrogation, ne se développe en chacun de nous que graduellement. Dix ans plus tard ou vingt ans plus tard c'est une image parfaitement consciente et cohérente de l'art et de la vie que Brasillach eût opposée à Marcel Proust et il y aurait eu ainsi en lui une part de dogmatisme — inévitable — sans qu'il en eût conscience. Mais à ce moment de sa jeunesse, son propre inventaire n'est pour Brasillach ni assez avancé ni assez sûr pour qu'il l'oppose, ou le confronte à une œuvre tout entière. Il ne relève de celle-ci que des instantanés, des « images » comme il dit très bien. Et même on retrouvera ce caractère dans le reste de l'œuvre critique de Brasillach. A part son *Corneille*, né des circonstances, son œuvre de critique si vaste, si diverse, si brillante ne se mesure presque jamais aux « grands » autrement que par quelque approche fragmentaire comme en cette étude sur Marcel

Proust : ni Goethe, ni Shakespeare qu'il admirait tant, ni Montaigne, ni Dostoïevsky, ni Rousseau. Je ne puis dire autrement que Brasillach est mort *jeune.* C'est un jeune critique que nous lisons dans *Portraits,* un jeune romancier dans *Comme le Temps passe.* Un jeune acteur qui ressemblait à ceux qui viennent maintenant nous voir, nous vieux.

Son *Giraudoux,* en revanche, montre la fraîcheur de cette critique impressionniste, son éclat, son velouté, comme on dirait d'un beau fruit qu'on vient de cueillir. Là il n'y a pas de roche escarpée, par d'*autre côté du miroir.* Mais une pensée une fois de plus, toute proche et une fois de plus fraternelle.

En réalité, il est aussi près de Giraudoux que de Colette : car Colette est la sensualité, mais Giraudoux est l'intelligence. Et d'abord cette intelligence est intelligence dans la création. *Le Théâtre de Jean Giraudoux* est une sorte de manifeste pour Brasillach. Ce manifeste sera constamment repris dans sa critique théâtrale sous une forme qu'on ne reconnaît pas toujours. Quand Brasillach oppose au théâtre de Baty, c'est-à-dire à un théâtre de mise en scène, à un théâtre visuel, la primauté de « Dire le mot », il ne fait que reprendre et amplifier la préférence qu'il manifeste ici en faveur du théâtre de l'intelligence et de la subtilité aux dépens des ressorts célèbres de l'intérêt tragique définis par Aristote, la *terreur* et la *pitié.* Et certes, c'est peut-être un beau contresens. C'est peut-être Baty qui avait raison de susciter une *ambiance* par des décors et des éclairages, de s'adresser aux nerfs d'abord et en somme de chercher avant tout ce *choc* sans lequel il n'y a pas de drame et auquel l'intelligence s'ajoute mais ne se substitue pas. Pour reprendre un mot de Jean Anouilh, c'est Baty sans doute qui, en cette affaire, réagit en *bête de théâtre.* Mais cette primauté de l'intelligence et de la sensibilité dans la création, c'est tout Brasillach : dans ses romans comme dans son théâtre, il y a dans sa voix une inflexion

ingénieuse et tendre qu'il préfère au *mezzo voce* mystérieux, à la voix étouffée du conteur qui tremble et fait
trembler. En ce sens, son *Théâtre de Giraudoux* est
confession autant que critique : confession qui nous
révèle cette part de lui-même rêveuse, enchantée des
arabesques des mots et de la beauté, sensible aux promenades imaginaires de Supervielle, aux oiseaux d'alu-
minium de René Clair, à la province poétique de Giraudoux et s'y plaisant comme les Espagnols se plaisent aux
dessins savants de l'art platéresque et aux formes gracieuses du baroque.

Mais il y a dans ce *Théâtre de Giraudoux* un aveu
que j'aime mieux encore. Brasillach en fait l'âme même
de l'œuvre théâtrale de Jean Giraudoux : c'est ce qu'il
appelle d'un bien poli mot « le mythe de Vendredi ».
C'est encore lui-même qu'il retrouve sous cette appella-
tion édénique. Sa critique, au fond, est un émerveille-
ment qui déborde, une intelligence qui ne peut se
contenir, qui brûle de se communiquer : sympathie,
admiration et don tout à la fois. Je parlais de Caliban
tout à l'heure : non, j'étais Vendredi. J'étais, et tous
ceux qu'il aimait et ses lecteurs même, nous étions ce
jeune sauvage qu'il fallait initier avec amour. Vendredi
n'avait pas compris tout ce qui était beau dans *Judith,*
Vendredi n'avait pas retenu par cœur le dialogue du
spectre et d'Isabelle, il fallait expliquer à Vendredi, il
fallait que Vendredi aime et retienne à son tour et
déborde de reconnaissance pour Louis Jouvet et Jean
Giraudoux. Ces critiques de Brasillach sont d'enthousiastes promenades sur la place Dancourt à 2 heures du
matin : et même toute la critique de Brasillach est une
promenade dans la cour de Louis-le-Grand après la rentrée des internes. Et peut-être aussi presque toute
l'œuvre de Brasillach. C'est ce que veut dire le mythe
de Vendredi. « Comme tout est beau ! » L'enfant voleur
d'étincelles ruisselle de ces clartés qu'il a prises partout.
La sagesse qui consiste à mettre un ordre parmi les

choses viendra demain : le premier mouvement de la sagesse est de les accepter avec joie. C'est à ce mouvement que Brasillach en est encore au temps de ses premiers romans et de *Portraits* : ce qu'on voit d'abord de lui, c'est un être heureux et vivace qui semble réfléchir des ondes de bonheur.

Le chapitre sur Colette qui se trouve dans *Portraits* est la reproduction d'un article qui avait paru en deux fois dans les livraisons de la *Revue française* des 15 et 22 mars 1931 sous le titre *Colette ou la Sagesse de Sido*. Le texte de *Portraits* présente de légères variantes en quelques passages qui faisaient référence en particulier à l'opinion de François Mauriac sur Colette.

Le chapitre sur Maurras reprend deux articles du feuilleton littéraire de l'*Action française* consacrés au *Dictionnaire politique et critique*, articles qui avaient paru dans les numéros du 13 octobre 1932 et du 21 juin 1934. Les deux articles sont reproduits intégralement, mais ils sont présentés dans *Portraits* par des introductions qui ont été écrites en vue du recueil.

Le chapitre sur Barrès utilise un article du feuilleton littéraire de l'*Action française* du 22 février 1934, consacré à *Mes Cahiers*. Le texte de *Portraits* contient plusieurs additions importantes.

Le chapitre sur Marcel Proust est fait de la réunion de plusieurs articles de dates différentes. L'origine du premier « A la recherche du bonheur perdu » n'a pu être retrouvée : Brasillach lui donne dans *Portraits* la date de 1931. Le second article « La parabole de l'arche » a paru sous ce titre dans l'*Action française* du 22 octobre 1931 sous la signature de Jean Servière. Le troisième article « L'art poétique de Marcel Proust » a paru sous ce titre dans la *Revue française* du 25 juin 1932 : ce fut le premier article important de Brasillach dans la nouvelle présentation de la revue, devenue mensuelle à partir de cette date. Enfin, le quatrième article

« Elstir » avait paru sous ce titre également dans la *Revue Universelle* du 15 août 1933.

Le chapitre sur Jean Giraudoux a été écrit pour la *Revue Universelle* dans laquelle il fut publié sous le titre « Le théâtre de Jean Giraudoux » dans la livraison du 1er mai 1933. Il a été repris sans changement. Toutefois, on retrouvera dans cette étude des idées et parfois des passages d'articles précédemment consacrés à Jean Giraudoux : dans la *Revue Universelle* en 1931 sur « Les aventures de Jérôme Bardini », dans la *Revue française* du 18 janvier 1931 sur « Le mythe de Vendredi », dans la *Revue française* du 13 décembre 1931 sur la « *Judith* de Jean Giraudoux », dans l'*Action française* du 28 janvier et du 28 juillet 1932 sur « Je présente Bellita » et les « textes choisis », dans *Candide* du 14 janvier 1932 sur « Jean Giraudoux et ses mythes », et on peut reconnaître même quelques fragments du premier article que Brasillach envoya à l'*Action française* en octobre 1930, « Le premier de la classe », article dont il était pourtant peu satisfait, puisqu'il porte une note de sa main indiquant « Non, à refaire ». On voit que la prédilection de Robert Brasillach à l'égard de Jean Giraudoux s'était manifestée de bonne heure et elle persista puisqu'un des derniers projets de Brasillach était un *Giraudoux* qu'il commença mais ne put achever.

Le chapitre sur Anna de Noailles est la reproduction d'un article publié le 15 mai 1933 dans la *Revue Universelle* pour la « Chronique de la quinzaine ».

En général, dans ces deux premières parties de *Portraits*, ce sont souvent des articles anciens qui sont utilisés et particulièrement quelques-uns de ceux que Brasillach écrivit à la *Revue française* lorsqu'il y faisait ses débuts littéraires. Le même mélange se retrouve dans la troisième partie qui contient toutefois quelques articles très récents de la chronique littéraire de l'*Action française*.

Le chapitre consacré à Cocteau utilise d'une part un

article de la *Revue française* (mensuelle) du 25 octobre 1932 intitulé comme ici « Cocteau ou le poète aux masques » et en outre un article de la chronique des « Spectacles » de la *Revue Universelle* paru en mai 1934 sur « La machine infernale ».

Le chapitre consacré à Paul Morand est formé de l'amalgame de trois articles, deux chroniques de l'*Action française* du 3 mars et du 30 juin 1932 et un article de la *Revue Universelle*, « Paul Morand à Londres » placé dans la « Chronique de la quinzaine » d'août 1933.

Le chapitre sur Joseph Delteil est la reproduction du feuilleton de l'*Action française* du 5 juillet 1934, le chapitre sur Malraux la reproduction de celui du 10 août 1933 auquel une page est ajoutée, le chapitre sur Guéhenno la reproduction de celui du 3 juillet 1935, enfin le chapitre sur Drieu La Rochelle, si curieux par sa sévérité, utilise deux chroniques de l'*Action française* des 11 juin 1931 et 27 décembre 1934.

M. B.

Philippe Krasnopolski

Les Français et leurs immigrés 1919-1939

« L'étranger, dont la venue est économiquement si nécessaire à ce pays, n'y est jamais aimé, à peine toléré. Le Français voit en lui le parasite et non ce qu'il apporte. »

En 1928, lorsque l'Allemand Friedrich Sieburg, correspondant à Paris de la « Frankfurter Zeitung », écrit ces lignes, la France compte 2,5 millions d'étrangers (plus de 6 % de sa population). En 1930, son célèbre « Dieu est-il français ? », enfin traduit, sort dans les librairies parisiennes : la France abrite alors près de 3 millions d'immigrés (7 % de ses habitants).

Sieburg « aimait » la France : à Paris, sous l'Occupation, il était de ces Allemands qui militaient en faveur d'une participation des Français à la construction de « l'Europe nouvelle ». En 1928, il se trompait toutefois sur un point : les étrangers n'étaient pas « économiquement si nécessaires à ce pays ». Lui qui, dans son livre, avait tracé le portrait d'une France si délicieusement attardée n'avait pas vu que l'immigration était la pire des solutions : elle ne pouvait qu'attarder un peu plus encore le pays. Dans les années vingt, pour faire face à la pénurie de main-d'œuvre, les industriels français auraient pu jouer la carte de la modernisation, de l'investissement. Ils ne l'ont pas fait. Leurs successeurs des années cinquante commettront la même erreur.

Mêmes causes à l'immigration, mêmes effets, même rejet.

Causes démographiques d'abord.

Certes, il y a la Grande Guerre : la France y perd 1,4 million de ses enfants. 10,5 % de sa population active. Surtout elle doit faire face à la chute de sa natalité : en 1914, on enregistrait en France 18 naissances seulement pour 1 000 habitants. En Allemagne, ce chiffre se montait à 28, en Italie et en Espagne 32. La guerre, naturellement, amplifie la tendance. 1919, retour du front : un léger sursaut. En 1920, on recense ainsi 623 000 mariages et 834 000 naissances. Deux ans plus tard, on en revient au taux de fécondité de 1914.

Double conséquence : la France est un pays vieilli, ses habitants économiquement peu actifs : en 1936, seulement 49 % des nationaux exerçaient une activité.

D'où le recours à l'immigration.

Les étrangers qui viennent travailler en France sont eux, en revanche, « dans la force de l'âge » : 65 % d'entre eux ont entre 20 et 59 ans. 53 % seulement pour les Français. Et les immigrés se reproduisent : 23 naissances pour 1 000 contre 18 pour les autochtones. En 1928, par exemple, sur un excédent de 68 000 naissances, 28 000 sont « étrangères ».

Qui sont ces étrangers ? En 1930-1931, au moment où cette première vague d'immigration économique atteint son maximum, on recense 30 % d'Italiens, 20 % de Polonais, 15 % d'Espagnols, 8 % de Belges. Les autres sont Allemands, Russes, Britanniques. Les Nord-Africains ne sont alors que 100 000. Seulement 3,5 % des immigrés.

La crise économique des années trente ralentit l'immigration. Beaucoup d'immigrés européens, pour la plupart des Polonais, rentrent alors au pays. En 1936, le nombre des étrangers en France n'est plus que de 2,2 mil-

lions. Leur part dans la population est tombé à 5,3 %.
Une population immigrée assimilable donc. Parce
qu'européenne et généralement catholique-romaine. Jusqu'en 1926, on recensait en France 6 000 naturalisations
par an. En 1927, le Parlement modifie le code de la
nationalité dans un sens plus libéral. Entre 1928 et
1936, la moyenne annuelle des naturalisations grimpe à
22 000. A la veille du Front Populaire, on dénombre
517 000 naturalisés. Soit 1,2 % de la population glo-
bale. Ces nouveaux Français sont essentiellement des
« frontaliers » : des Italiens (40 %), des Belges, des
Espagnols...

La crise économique des années trente, la grande
dépression mondiale et, conséquence, la montée du chômage vont déclencher l'hostilité d'une majorité de Français à l'égard des étrangers. En 1935, sur 12,5 millions
de salariés, deux étaient au chômage. 500 000 seulement étaient secourus. En 1930, ils n'étaient que 1 700.

Cette hostilité grandissante va s'exercer essentiellement à l'endroit de trois communautés. A l'encontre des
plus « exotiques ». Les Nord-Africains, pourtant peu
nombreux, d'abord. En 1931, *Le Peuple*, quotidien de la
C.G.T., décrit leurs « âmes primitives », leur « sauvage-
rie naturelle ». Viennent ensuite les Asiatiques, Chinois
et Indochinois. Enfin, les juifs.

Au sein de la population française, la guerre de 1914-
1918, la « camaraderie des tranchées » avaient quelque
peu effacé la critique antisémite des années Dreyfus.
Comme leurs camarades chrétiens, les Israélites ont payé
de leur sang la victoire de 1918. La guerre passée, de
nombreux juifs d'Europe orientale et centrale, chassés
par les pogroms, affluent vers la France. L'extrême-
droite relance sa campagne antisémite. Le 9 mars 1920,
Charles Maurras écrit dans l'*Action française* :

« Comme la forêt de Macbeth, on peut dire que les
immenses ghettos de l'Europe centrale sont en marche
dans la direction de Paris. Ce seront (...) dans nos

murailles de nouveaux microbes pathogènes, politiques, sociaux et moraux. »

Treize ans plus tard, seconde vague d'immigration juive : celle fuyant le Troisième Reich. Fin 1933, on recense 30 000 Allemands, en majorité israélites, réfugiés en France. De 200 000 individus en 1930, la communauté juive passe à 300 000 en 1939.

L'antisémitisme regagne la France. Un antisémitisme qui de « bonne compagnie » (celui de l'*Action française*, selon les termes de l'historien juif Wladimir Rabi) devient incontestablement populaire.

Encore faut-il rappeler que la venue des juifs d'Europe orientale et centrale, puis d'Allemagne, n'avait guère provoqué, dans un premier temps, « l'enthousiasme » des Israélites français eux-mêmes. Dans ses mémoires, André Spire affirme ne s'être pas senti « attiré par les juifs immigrés. Je les aidais quand ils forçaient ma porte mais sans élan. (...) Leur arrivée en France m'exaspérait. » « Parmi les juifs, a écrit encore Saül Friedländer, réfugié en France en 1940, on distinguait, dès le début, deux groupes bien nets, les Français et les étrangers : même le malheur commun n'effaçait pas entièrement cette ligne de partage. »

A droite, la critique antisémite se scinde en deux argumentaires pour le moins contradictoires. Du côté de l'*Action française*, on reproche aux réfugiés juifs d'être « allemands ». « Il est clair que les immigrants sémites chez nous, dans leur désir de rentrer en grâce auprès des autorités allemandes, se mettraient à leurs ordres en cas de guerre », affirme dès 1933 Léon Daudet. Côté « fasciste », on les accuse de vouloir abattre le régime national-socialiste à la faveur d'une guerre entre la France et l'Allemagne.

Pour beaucoup d'Israélites réfugiés, la France n'était en effet qu'un asile provisoire. Dans *L'An prochain la révolution*, livre consacré aux communistes juifs immigrés, Maurice Rajfus concède : « On a estimé à environ

quatre millions le nombre de juifs ayant quitté l'Europe
de l'Est, de la fin du xixᵉ siècle à 1939. Ce n'est donc
qu'une faible partie de ces immigrants qui va se fixer
en France. Quand la Seconde Guerre éclate il y a, à
Paris, environ quatre-vingt-dix mille juifs immigrés,
dont 50 % de Polonais... Il n'est pas rare que ces immigrants considèrent leur séjour à l'Ouest comme une
étape plus ou moins longue. A terme, ce sera sûrement
le retour au pays natal, enfin libéré des contraintes qui
les ont forcé à fuir. »

Refusant l'assimilation (que bien peu de Français sou-
haitaient il est vrai), les réfugiés juifs ne pouvaient que
reconstituer le « Schtetl », le ghetto. Ghetto religieux,
linguistique (le yiddish continue à être couramment
parlé), politique aussi.

La communauté possédait ses propres groupes politi-
ques : sionistes, socialistes... Les communistes, eux,
militaient dans les rangs du P.C.F. Au sein de la M.O.I.
Ils accentuaient ainsi l'aspect international du parti de
Maurice Thorez mais aussi, aux yeux de nombreux
Français, son origine étrangère.

P. K.

II

UN HOMME OCCUPÉ

« *C'est dans l'honneur et pour maintenir l'unité française, une unité de dix siècles, dans le cadre d'une activité constructive du nouvel ordre européen que j'entre aujourd'hui dans la voie de la collaboration.* »

Maréchal PÉTAIN,
Allocution à la radio nationale,
30 octobre 1940.

Pierre Sipriot

Hécatombe pour une littérature

Gérard Loiseaux a publié, il y a deux ans [1], l'analyse du bilan allemand le plus complet et le plus élaboré de la littérature de la défaite et de la collaboration. La question que s'est posée, en 1940, Bernhard Payr directeur de l'*Amt Schrifttum* de l'*Office Rosenberg*, elle est simple : l'Allemagne nazie est venue « libérer le peuple français de ses parasites » et lui révéler « la communauté des destins français et allemands » face aux « ploutocraties anglo-saxonnes » et au « judéo-bolchevisme ». Mais la France a-t-elle encore assez de forces vitales pour s'intégrer à l'Europe Nouvelle ou s'abîmera-t-elle dans sa déchéance ? Cette enquête va inspirer à Payr un ouvrage, *Phénix ou Cendres ?* qui est le travail le plus complet consacré par un Allemand à la littérature française de 1940 à 1944. Le livre et les dossiers personnels de Payr ont permis à Gérard Loiseaux d'expertiser du point de vue allemand soixante-dix auteurs publiés après juin 1940.

Une étonnante démence anime ces 670 pages. Le national-socialisme, après avoir entraîné une révolution en Allemagne, la guerre en Europe, veut modeler les esprits. L'Allemagne de Hitler a inventé les lois biolo-

---

1. Publication de la Sorbonne.

giques raciales. On les applique à la littérature. Le sujet le plus précieux pour l'écrivain devient le destin du peuple allemand sous la conduite de son Guide. Peut-on envisager une action commune avec les écrivains français ? C'est sur ces bases que s'établit le contact entre l'*Amt Schrifttumspflege* (l'office pour la promotion de la littérature) et des écrivains qui, selon la formule de Céline, « n'entrent pas dans la collaboration, ils s'y ruent ». En fait, même les écrivains les plus fascisants se firent tirer l'oreille. A défaut d'enthousiastes, le chef de l'*Amt*, Hagemeyer, apprécie ceux qui se rendent utiles, entretiennent une bonne image de l'Allemagne hitlérienne. Mais ils sont rares ceux qui acceptent les devoirs d'une société militarisée. « Au fil des ans, écrit Hans Hagemeyer, nous avons introduit des concepts rigoureux : " *soldatisch* ". » Les nazis pensent que le combat et la guerre offrent des richesses émotives et spirituelles.

Le parti nazi considère la France comme « la lie de l'Europe », un « bubon pesteux éternellement suppurant ». La guerre a opéré à la manière d'un révélateur dans la psychologie du peuple français qui se « prélassait en une splendeur de pacotille qu'il a volée aux autres peuples » (La Garde noire, *organe officiel de la S.S.,* 6 juin 1940).

Il fallait donc *épurer* la littérature française. La *Frankreich Kritik* fut encouragée : « La critique artistique nationale-socialiste », écrit Goebbels en 1936, doit redoubler de rage contre les intellectuels qui ont combattu « la naissance de l'Etat nouveau ».

Le scrutin épuratoire dressé par la *Propaganda* en septembre 1940, puis renouvelé en 1942, frappe tous les écrivains qui, dans un ou plusieurs de leurs livres, ont jeté du venin sur l'Allemagne. Sont interdits Charles de Gaulle, mais aussi Pierre Loti, Georges Simenon, etc. Les opinions politiques comptent peu. Les royalistes Jacques Bainville, Charles Maurras, Léon Daudet, les catholiques Paul Claudel, Henry Bordeaux sont dans le même sac que des écrivains dits de gauche comme Romain Rolland, André Chamson, Jean Guéhenno, ou des communistes comme Paul Nizan et Aragon. Il y a aussi les germanistes : Edmond Vermeil, Charles Andler, les juifs : Pierre Bloch, Joseph Kessel, André Maurois, André Suarès, Julien Benda, tous « ennemis héréditaires ». La liste n'était pas close. Des délateurs firent ajouter les noms de Duhamel et de Mauriac.

Pour combler ce vide immense, la *Propaganda* publia une liste d'écrivains français, « les meilleurs » bien sûr : « Eux, ils ont vu le chemin et servent de prophètes à l'avènement de l'Europe. » On trouvera, pages 519 à 527, les noms et les livres recommandés par l'*Amt*. Disons que Céline et Montherlant, qui ont subi l'opprobre à la Libération, ne sont pas cités dans cette liste. Sur eux, l'*Amt* n'avait pas d'autorité. Le 10 novembre 1940, un million d'ouvrages avaient été saisis. La *Propaganda* décréta ce qui devait changer, elle ne put rien contre ce qui continuait. Gide, Claudel ou Proust ont été édités pendant l'Occupation, chichement il est vrai. Le papier était rare, les gros tirages réservés aux *Décombres*. « Le livre le plus fasciste qui eût jamais paru en France », disait en 1970, son auteur, Lucien Rebatet. La *Propaganda* avait une conception des influences, des modèles, des dogmes, des idoles. Fut-elle écoutée ? Il n'est pas de pouvoir capable d'imposer une littérature. Les historiens peuvent se pencher sur les listes de Payr, étudier ses rapports détaillés, les diatribes de l'*Amt* suspectant partout « une littérature qui sent le juif, le franc-maçon ou le gaulliste ». Qu'est-il sorti de cette réglementation ? A vrai dire, et Gérard Loiseaux le montre bien, la tâche de l'*Amt* était moins de susciter des œuvres proallemandes que d'affaiblir la littérature française ou de la laisser retourner à la terre. Disons, d'ailleurs, que pour bien des écrivains traqués, « le domaine de la culture », comme on dit, changea de sens. Il subsista dans des recoins de Lozère ou de l'Aveyron.

Ce livre pourrait n'être qu'une curiosité, on y découvre comment on a voulu tuer une civilisation. Comment la défaite et l'Occupation la ressuscitèrent. Quand un pays est vaincu, ruiné, les écrivains sont le seul luxe qu'il peut s'offrir.

Et Robert Brasillach dans tout cela ? Avec Charles Albert, Benoist-Méchin, Chateaubriant, Drieu La Rochelle, Doriot, Bernard Grasset — Robert Brasillach, selon Gérard Loiseaux, « sort avec un label irréprochable des expertises de Payr ».

P. S.

Claude Paillat

Pillage ou collaboration économique?

Pour gagner la guerre rapidement, Hitler utilisa toutes les ressources des pays occupés. L'histoire de la défaite allemande est aussi le récit de la ruine de l'Europe. En 1944, le poids de l'occupation en France a été chiffré à 900 milliards alors que le budget annuel de la III⁰ République, déjà déficitaire, était de 82 milliards en 1938. Dans le tome VI des *Dossiers secrets de la France contemporaine*[1] (édit. Robert Laffont), Claude Paillat va aborder cette question de l'organisation méthodique de cette « *contribution de la France* », malgré elle, « *à l'effort de guerre allemand* ».

« C'est une nécessité politique pour l'Etat allemand, décrète Goering, le 26 août 1940, responsable du Plan de quatre ans et donc chargé de l'économie de guerre du Reich, que les capacités et les matières premières des territoires occupés soient employées, *méthodiquement et sur la plus grande échelle, au soulagement des fabrications allemandes d'armement* et à l'élévation du potentiel de guerre.* » Ce sera en particulier la règle pour toute la période de l'Occupation.

---

1. Claude Paillat : *Dossiers secrets de la France contemporaine*, tome VI, 1940-1944. Première époque, 25 juin 1940 - 8 novembre 1942. *Le Pillage de la France.*

Mais, en réalité, Goering ne fait que concrétiser la pensée de Hitler. Le 9 mai 1940, à la veille de l'offensive à l'Ouest de l'Europe, le Führer avait, en effet, rejeté totalement un projet de directives du Haut-Commandement allemand sur la conduite, en France, en cas de victoire. Ce texte recommandait, notamment, « de ne pas exploiter économiquement les territoires conquis à l'Ouest ». Hitler avait alors pris son stylo et avait tout biffé.

Ce que nous rapportons ici, nous le faisons sous le couvert des archives françaises et allemandes qui se recoupent à la perfection.

Quand, fin juin 1940, M. Boulanger, P.-D.G. de Citroën, veut entrer dans ses usines du quai de Javel, il lui faut un laissez-passer. Ensuite, dans son bureau, il trouve installé un des directeurs d'Auto-Union qui, pour la circonstance, a revêtu l'uniforme d'officier de la Wehrmacht. Celui-ci n'y va pas par quatre chemins : « Vous allez, dit-il, fabriquer du matériel de transport sur lequel l'armée allemande exercera un droit prioritaire. Si vous ne voulez pas travailler avec nous, nous nous passerons de votre concours. »

A Billancourt, ce sont trois directeurs de Mercedes, également en uniforme, qui ont pris possession des bureaux de Louis Renault et de ses adjoints. Le langage est le même. Le 10 juillet, le colonel Sieburg, responsable allemand des fabrications de chars, demande à François Lehideux, administrateur-général et neveu de Louis Renault, « de réparer les engins français capturés par la Wehrmacht ». Un grand drame commence...

Un contrôleur allemand s'est établi à la Banque de France.

Le 14 juin, jour de l'entrée de la Wehrmacht à Paris, une circulaire du « Devisenschutzkommando » en France exige de chaque maison de crédit un bilan de sa situation en devises étrangères, de celle de l'or en dépôt, les titres français libellés en valeurs étrangères, les pierres précieuses, diamants bruts et non sertis.

D'autre part, les coffres-forts ne peuvent plus être ouverts qu'en présence d'un représentant du Devisenschutzkommando. Celui-ci décidera de la date des opérations. Les banques sont également tenues de fournir la liste des locataires de coffres-forts, leurs adresses, et « le jour de leur dernière visite ».

Au Trait, près de Rouen, les Allemands qui ont pris possession des Ateliers et Chantiers de la Seine-Maritime (Banque Worms), en interdisent l'entrée aux ingénieurs français et précisent qu'ils entendent y terminer les quatre sous-marins en cours de construction.

Le 19 juin, au Creusot, un officier, fils de l'un des directeurs de Krupp et représentant du Bureau allemand de l'Armement, demande à deux directeurs de Schneider d'envisager la construction de locomotives et de pièces détachées. Le 6 juillet, un second officier débarque au Creusot avec un cahier des charges pour ses fabrications.

Aux Aciéries de la Marine à Saint-Chamond, les Allemands enlèvent en une seule journée près de 8 000 tonnes de machines, de matières premières métallurgiques, etc. Affolé, stupéfait, le préfet de la Loire alerte le général Weygand, ministre de la Défense nationale du gouvernement Pétain et chargé de l'application de la Convention d'Armistice : « C'est un pillage total... ».

Les documents alemands récusent formellement l'accusation de « pillage », et se réfèrent à la définition de Goering, du 26 août 1940, sur l'emploi méthodique et sur la plus grande échelle des capacités et des matières premières des territoires occupés. Bref, le « pillage », c'est le désordre, l'individualisme et l'anarchie, toutes choses que les Allemands ont en sainte horreur. Dans ce cas, ils ont raison, car ils ont mis en place une redoutable et efficace organisation de l'exploitation du potentiel économique français, faisant foin de toute perspective des rapports franco-allemands, une fois les hostilités terminées.

Ainsi à Lyon, provisoirement occupé par la Werhmacht, en garantie de la cessation des combats sur la Ligne Maginot, le général Henrici, Feldkommandant de la ville, est assisté de trois états-majors de prise de guerre. En une dizaine de jours, ils dirigent sur l'Allemagne près de 26 000 tonnes de matières premières. Au préfet Emile Bollaert et au maire Edouard Herriot qui protestent auprès de lui, en indiquant que ces prélèvements risquent d'arrêter toute activité économique dans la région, Henrici répond qu'il agit suivant des ordres de Berlin qu'il ne peué changer, mais qu'il finit par atténuer légèrement.

Dans le Nord et le Pas-de-Calais, maintenant directement rattachés à l'administration militaire allemande de Bruxelles, des organismes allemands spécialisés entendent appliquer des plans préparés dès 1936 pour la remise en route des charbonnages, de la métallurgie, de la construction mécanique et des usines textiles.

Mais là comme ailleurs les Allemands ne veulent pas opérer directement, ce qui exigerait de leur part la mise en place d'une importante infra-structure administrative et technique. Ils ont prévu de donner leurs instructions aux chefs d'entreprise et aux organisations patronales, sous menace, en cas de « mauvaise volonté », du Conseil de Guerre. Les vainqueurs sont un instant désorientés devant l'exode de l'encadrement souhaité. Aussi partent-ils à sa recherche sur les routes de France... Sans attendre non plus, les Allemands mettent en route un processus de réquisition de la main-d'œuvre, tout comme, dans la région parisienne, ils ont ouvert des bureaux d'embauche volontaire.

Il ne s'agit pas de « pillage » mais bien d'*une mise en coupe réglée du potentiel économique de la France occupée et que les Allemands entendent, sans délai, étendre à la zone libre sous l'euphémisme de « collaboration économique* », dont le terme apparaît le 11 juillet 1940, c'est-à-dire bien avant la fameuse entrevue de Montoire.

D'autre part, la Convention d'Armistice interdit tout trafic maritime sans des autorisations spéciales germano-italiennes. Celles-ci sont rapidement accordées, à condition de pouvoir prélever jusqu'à 50 % des cargaisons transportées : phosphates (plusieurs centaines de milliers de tonnes), des huiles végétales, du minerai de fer, du cobalt, etc. Par ces opérations, les soldats allemands pourront manger des bananes.

Ne négligeant rien, les collaborateurs de Goering dressent des plans pour importer du caoutchouc brut d'Indochine qui, grâce à l'ami Staline, serait acheminé par le Transsibérien.

Le principal intéressé par l'exploitation des ressources de la France est l'état-major de l'Economie de Guerre qui constitue une des quatre grandes directions du Commandement en Chef des Forces Armées, c'est-à-dire d'Hitler.

A Paris, s'installe donc une multitude d'organisations et d'officines, dont la personnalité la plus marquante est le Dr Michel, lui-même un des principaux collaborateurs du gouvernement militaire allemand en France occupée.

Dans un rapport du 10 avril 1942, le Dr Michel écrit que « la collaboration avec l'administration et les organisations économiques françaises, sauf certains cas particuliers, n'a conduit à *aucune désillusion* ».

A mesure de la prolongation de la guerre et des difficultés grandissantes de l'Allemagne, les exigences économiques de celle-ci sur la France vont s'aggraver. Qui ne se souvient du recrutement autoritaire de plusieurs centaines de milliers de travailleurs par le Gauleiter Sauckel ?

Pour encore accroître leur ponction, les Allemands — créent et autorisent secrètement *des officines de marché noir* dont le célèbre « Bureau Otto » qui embauchera de redoutables personnages comme Joinovici, la sanglante bande de Bonny-Laffont, et quelques autres du même acabit. Au racket économique, on ajoutera la lutte contre la Résistance.

Les fonds nécessaires à ces organisations pour leurs achats sont prélevés sur les énormes frais d'occupation payés par la France, de sorte que celle-ci contribue dramatiquement à son propre dépouillement.

Aux protestations du gouvernement français, les Allemands ripostent cyniquement que les mesures prises sont nécessaires parce que « le Reich a la responsabilité de la vie en France, tant que la guerre contre l'Angleterre durera », et ils ajoutent : « la France va être amenée à abaisser son niveau de vie et le ramener à un niveau analogue à celui de l'Allemagne » (22 juillet 1940).

En quelques semaines donc après la défaite, la population française commence à ressentir les effets des massifs prélèvements allemands de toute nature. Les rapports des différentes Légions de gendarmerie alertent le gouvernement sur la désaffection grandissante de la population à l'égard de la politique des autorités. Les mêmes documents soulignent, en parallèle, l'augmentation régulière et considérable de l'écoute de la radio anglaise.

En dehors des aspects moraux et politiques de leur entreprise, comment les protagonistes français de la Collaboration avec l'Allemagne pouvaient-ils être entendus, à partir du moment où le vainqueur s'en prenait méthodiquement aux moyens de vie de leurs compatriotes ?

C. P.

Dominique Desanti

Brasillach et Drieu La Rochelle

Méfions-nous des faits nus et crus : à les suivre, Brasillach et Drieu La Rochelle ont atteint leur tragédie finale au bout de la même voie. Considéré l'émeute, le refus du 6 février 1934 comme un tournant, haï le Front populaire, vu en Doriot le chef du fascisme français. Ils ont tous deux dirigé des publications sous contrôle nazi. Ils se sont proclamés nationaux-socialistes dans la France occupée. Ils méprisaient la démocratie et trouvaient l'antisémitisme « nécessaire ». Ils ont tous deux publié romans, essais, articles. Ils sont morts *de* leurs écrits et *de* leurs opinions. A cinq semaines d'intervalle Brasillach a été fusillé en criant « Courage ! » au peloton d'exécution et Drieu La Rochelle s'est donné la mort : le 15 mars 1945.

Brasillach avait trente-cinq ans, Drieu La Rochelle cinquante-deux.

Mais au-delà, qui étaient-ils, ces hommes que leurs choix rapprochaient sans qu'aucune amitié les ait unis ?

Je ne peux parler que de Drieu. De Brasillach j'avais lu des articles insoutenables dans *Je suis partout*, pen-

---

1. Sur Drieu La Rochelle, Dominique Desanti a publié une biographie (édit. Flammarion) : *Drieu La Rochelle, le séducteur mystifié*. Un roman de Dominique Desanti : *Rue Campagne première*, qui se passe en 1935, paraît chez Lattès.

dant la guerre, et *Notre Avant-Guerre*, qui n'était pour la mienne qu'un miroir brillant et déformant, une « sorcière ». Feuilletées, *Les Sept couleurs* me parurent ternes. De Brasillach j'ai tout appris dans le livre d'Anne Brassié[2]. Pour la génération de la biographe, les alentours de l'Occupation sont ce que fut pour moi l'époque de Verdun et du surréalisme : un temps dont on rencontre des témoins.

De cette biographie, minutieuse et prenante, je remporte surtout la certitude de la différence entre ces deux fascistes déclarés. C'est vrai, tous deux ont payé leur collaboration de notre seul bien à tous : la vie, alors que d'autres s'acquittaient à frais réduit. Mais au-delà...

Ils ont tous deux admiré Barrès, Maurras, Jeanne d'Arc, Napoléon... et Doriot, et Hitler.

Mais Drieu fut responsable — et pas jusqu'à la fin — d'une revue littéraire, *La Nouvelle Revue française* : son intelligence avec l'ennemi consista à soumettre l'intelligence française à la censure de l'ennemi. Brasillach a dirigé un hebdomadaire où, chaque semaine, on dénonçait *nommément* des juifs, des communistes, des francs-maçons et des gaullistes. D'avoir à l'époque ignoré le nombre des exterminés n'excuse pas la délation, ce crime majeur.

Drieu ? On ne peut lire son œuvre et sa vie qu'en flash-back. De s'être condamné, exécuté soi-même, avec cette obstination change l'éclairage.

La seule fois où j'ai vu Drieu La Rochelle durant l'hiver 1940-1941 sur le seuil de son bureau, j'ai détourné la tête. L'ambassadeur de Hitler à Paris lui avait remis la revue dont Jean Paulhan refusait d'assumer la parution dans la France occupée. Il était donc l'ennemi. J'ignorais avec candeur que l'ancien et le nouveau directeur continuaient à se voir. Quand Paulhan

---

2. Anne Brassié : *Robert Brasillach ou encore un instant de bonheur !*

fut arrêté, Drieu l'a fait relâcher au bout de quelques jours : nous trouvions tous — sauf Paulhan — que c'était la moindre des choses.

Quand il s'est suicidé — quand Brasillach fut fusillé — nous étions engagés dans la foi manichéenne du communisme. De plus, nous avions perdu trop d'amis — et moi mon père — dans la lutte contre l'occupant pour frémir aux drames des coupables.

Le temps passa. Nous avons émergé de nos certitudes, conscients d'avoir acquiescé à des meurtres parce que les accusés se reconnaissaient coupables [1]. Le temps passa encore. Douze ans après mon départ du Parti communiste, je fus invitée par l'Université de Californie Los Angeles à faire un cours sur quatre romanciers français de l'entre-deux-guerres. Un cours « équilibré » : deux de droite, deux de gauche. Trois s'imposaient : Aragon, Malraux, Céline. Le quatrième ? « *Aurélien* », roman d'Aragon avait pour héros, à la fois l'auteur et son intime ami des années vingt : Drieu La Rochelle. Drieu avait, sur la même époque, publié un roman : *Gilles*, où se trouve une caricature d'Aragon. Parfait. J'ai donc « préparé » Drieu comme on dit... Le hasard m'a fait commencer ma lecture par *Récit secret*, ces pages de son Journal final, publiées en 1951. Premier choc. A la fin du semestre un excellent étudiant fit un parallèle entre *Aurélien* et *Gilles*. Il conclut qu'étant donné le déchirement de l'Europe, entre communisme et fascisme à l'époque, on ne pouvait s'étonner que ces deux anciens amis aient suivi « la même voie ». Je crus qu'il s'était trompé : des voies opposées ? L'Américain né en 1947 dit tranquillement en 1968 : « Non, tous deux se sont engagés sur le chemin des totalitarismes. »

Ce choc-là retentit en moi près de huit ans avant que je me mette à relire Drieu, trouver des femmes de

---

1. Les procès des démocraties populaires.

sa vie, des hommes qui l'ont aimé, haï (c'est plus rare) ou les deux. Malraux m'a parlé de lui trois semaines avant de mourir avec une compréhension profonde. Pour Aragon, l'ami qu'il eut aux années vingt n'a pu être anéanti par « la violence de cet homme » qui est devenu ensuite son ennemi.

Brasillach et Drieu ? Leurs différences éclatent dans la façon dont ils ont vécu l'enfance, dans leur façon d'aborder l'action et l'écriture (« le sang et l'encre » disait Drieu). Dans leurs amours. Dans la nature de leurs amitiés. Même dans leur façon de devenir et de rester fascistes... et dans leur jugement dernier sur ce qu'ils ont été.

Enfances

D'emblée, ils ne sont pas de la même génération. Ce ne sont pas seulement dix-sept années qui les séparent (Drieu est né en 1893, Brasillach en 1909), mais le bouleversement total de l'Europe par la guerre de 1914-1918. Pour la génération de Drieu, la mémoire fut à jamais brûlée par quatre années de barbarie. Pour Brasillach, c'étaient des images d'enfance et les souvenirs de la famille.

Son père, Brasillach l'a perdu en 1914 au Maroc : cet officier devient un mythe, un héros dont le fils veut être digne. Sa mère — remariée — a été la grande dévotion, le plus profond sentiment de sa vie. Sa petite sœur Suzanne, c'était son double féminin, la complice accomplie, la confidente donnée par la nature. Ce cocon féminin l'a poussé aux études brillantes. Pour sortir d'un milieu sans argent il choisit la voie royale de l'époque : l'Ecole Normale Supérieure, qui menait à l'université ou, avec de la chance, au journalisme, à la politique, au gouvernement, et à l'académie. La « rue d'Ulm » c'était l'armée sous Napoléon, ou l'E.N.A. aujourd'hui.

Pour Pierre Drieu, fils d'un couple banalement désuni, le père était l'objet des larmes maternelles, le désespoir d'une grand-mère très aimée. Le père, couvert de dettes, capable d'affaires douteuses, avait une maîtresse, « croqua » la dot de sa femme. Homme facile, doué, nonchalent, hâbleur, il représentait pour son fils un objet de honte. D'autant plus que, jeune homme il découvrait des traits de lui dans son propre caractère. Drieu consacra à sa famille un roman autobiographique jusqu'à la transparence, *Rêveuse bourgeoisie*. Nous y voyons cette enfance non telle qu'elle s'est déroulée, mais telle qu'elle fut vécue. La mère a été, dit-il (dans son Journal) un objet de désir conscient. Il l'accusa de l'avoir fort bien senti et de laisser « exprès » la porte de son cabinet de toilette entr'ouverte. Accusation qui donne le fourire en 1987 mais dont Drieu prétend qu'elle engendra sa méfiance avide, son insatiable besoin de conquérir des femmes. En tout cas il ne porta pas à sa génitrice un sentiment sans ambiguïté. Le père dévalorisait l'image virile et en même temps montrait qu'un homme « indigne » pouvait être adoré par une épouse séduisante et par une maîtresse que Drieu nous montre pleine de générosité.

La nonchalance marque les études de Drieu. Très stendhalien, il se voulait diplomate pour écrire tranquillement. Mais, ne s'astreignant pas à la discipline des dissertations, il échoua aux Sciences Politiques. Il se racontera toujours qu'on lui barra la Carrière par discrimination politique à cause du « désordre dangereux de son esprit ». Des camarades — et des professeurs le trouvaient brillant mais « aberrant »...

Après cet échec il décida de faire son service militaire, toujours avec nonchalance. Il avait déjà noué à « Sciences Po » des amitiés avec des garçons riches qui l'avaient, dans leurs familles mêmes, initié à des vies brillantes. L'un, Raymond Lefèvre, deviendra communiste et périra très mystérieusement au large des côtes soviétiques en 1919. Ce fils de banquier donna à Drieu le goût des idées nonconformistes et l'exemple d'un passage-éclair de l'Action française à la Troisième Internationale.

L'autre, André Jéramec, fils d'un homme d'affaires cultivé et puissant, juif converti, l'introduisit dans sa famille.

Femmes

En 1913 — il l'avoue — Drieu fut amoureux de la sœur d'André, Colette Jéramec. Il avait cessé de l'aimer quand il l'épousa en 1917, André ayant été tué dès la bataille de Charleroi. Ce premier mariage — suivi d'un rapide divorce auquel survécut un sentiment ambivalent et fort — jouera un rôle très grand dans l'antisémitisme de Drieu. Cette femme qui l'aima éperdument et, après leur divorce, lui constitua une « dot » pour qu'il écrive, Drieu ne lui pardonna jamais de ne l'avoir pas aimée sexuellement. Ni d'accepter tout de lui : l'infidélité, la muflerie, l'insulte. Ni d'avoir voulu un enfant de lui. Ni d'avoir baptisé du nom de son héros, Gilles, un fils qu'elle eut d'un autre mariage, bien plus tard. Colette a joué un rôle de sœur pour un frère ingrat. Elle n'a cessé d'être pour Drieu un remords : celui d'avoir fait un mariage d'argent, celui de l'avoir moralement torturée. Ce remords, il l'éteignait sous l'idéologie. Il n'avait pu aimer Colette parce qu'elle était juive. Sur les défauts de cette famille il bâtit son antisémitisme — ce qui ne l'empêcha pas d'avoir écrit sur « la cohorte de ses fiancées juives » — ni de se cacher l'origine sémitique de plusieurs de ses maîtresses.

Drieu, c'est le Don Juan des années folles.

La biographe de Robert Brasillach nous parle peu de sa vie amoureuse, mais peut-être tout est-il dit.

La douceur, l'intimité, c'est de vivre dans l'appartement de Suzanne et de Maurice Bardèche, avec leurs enfants. Le double sororal, le double fraternel, l'oncle aussi proche qu'un second père.

Très jeune il eut un éblouissement pour une femme-enfant, une vierge-mère. Six fois mère et pourtant la plus convaincante des « Jeanne d'Arc » sur scène. Une enfant candide, à jamais attachée à son mari : Ludmilla Pitoëff, épouse, partenaire, égerie de Georges Pitoëff, prête à jouer Tchekhov, Ibsen, Shaw, ou les classiques, ou les plus modernes, tantôt dans une grange, tantôt sur une vraie scène. Elle éblouit Robert Brasillach. Il fit partie de la cohorte, platonique et comblée de ses « inconditionnels ». Puis il rencontra une autre mère de six enfants, qui organisait des conférences. Elle fut pour lui une « camarade » puis mourut prématurément. Enfin on lui connaît une longue, discrète et intime liaison avec une femme beaucoup plus âgée que lui. Le héros de son roman *Voleur d'étincelles* aime une aînée de dix-sept ans (autant de différence qu'entre Brasillach et Drieu).

Drieu ? *L'Homme couvert de femmes* (son premier roman en 1925) nous montre sa quête incessante ou plutôt le montre, Casanova, plus souvent gibier que chasseur. « Couvert », lassé de femmes, jamais assouvi et qui va demander à la fin de journées passées de maî-tresse en maîtresse, un assouvissement à celles que l'on paie et donc à qui l'on ne « doit » rien.

Drieu s'est marié, a divorcé deux fois, et s'est fiancé souvent. On lui connaît une dizaine de maîtresses impor-tantes, c'est-à-dire incarnées dans des personnages. Citons la « Française », infirmière au front, ancienne amie de Léon-Paul Fargue — cette brève et violente rencontre avec une femme bohême et pauvre donc « impossible », ressuscitera par écrit bien des fois. Elle est la première Américaine, la Gwen de *Plainte contre inconnue* ; l'Ita-lienne aristocrate d'*Intermède romain*. La deuxième Américaine, Connie, sera la Dora de *Gilles* pour qui il voulut se tuer. Puis Victoria Ocampo, et sa sœur, les latino-américaines. Entre-temps « l'Africaine », Française d'Alger, si souvent évoquée. Et Nicole B... dont il faillit avoir un enfant. Une Américaine encore, « Eyre » qui le brouilla avec Aragon. Enfin la plus importante en durée — et aussi dans doute pour ses options politiques, Christiane Renault dont il a fait Beloukia, princesse d'Orient. Puis en fin de course, la Sylphide, d'origine slave. Ajoutons une amie féminine, Suzanne, en fin de course, elle aussi. Nous n'avons cité ni les deux Mme Drieu La Rochelle successives, le Dr Colette Jeramec et Oliesa Sienkiewicz, ni les riches fiancées juives, celles de *Drôle de voyage* ni d'autres. Chasseur hâtif.

De la misogynie évidente de cet homme à femmes, Malraux me dit trois semaines avant de disparaître : « Ce qu'il ne pouvait pas pardonner aux femmes, c'est de ne pouvoir se passer d'elles... comme moi d'ailleurs. »

La bascule de 1934

Brasillach a suivi le chemin habituel : Maurras, l'*Action française*, Bainville et Gaxotte, Léon Daudet. Bref la monarchie comme remède à la « gabegie parlementaire ». Et comme il la voulait, cette monarchie, moderne, *le fascisme* à l'italienne lui paraissait le modèle de la voie française. Mussolini l'a très vite séduit.

En 1931 Brasillach écrit dans *Je suis partout* et dans *Candide*. Il a vingt-deux ans.

Pour Drieu, le cheminement fut bien plus sinueux. Ancien combattant — comme Aurélien mais aussi comme le Bardamu de Céline —, il s'indigne que la paix soit livrée aux combinards, aux spéculateurs, aux escrocs.

Par Aragon et Soupault interposés, il flirte de près avec le surréalisme. Le communisme le tente un moment. Puis « Genève ou Moscou » décide : une Europe, oui, mais pas sous domination « bolchevique ».

Dans « l'Europe contre les patries » il affirme : « Je ne répondrai à aucune mobilisation, ni à celles des patries ni à celles des partis. Je me ferai fusiller par n'importe quel gendarme : celui de Hindenburg, ou de Tardieu ou celui de Staline. »

Aux Allemands il crie : « Jamais vous n'aurez l'hégémonie sur l'Europe. »

Brasillach trouve *Mein Kampf* primaire. Décidément son Homme Fasciste reste italien. Fonder la société sur une notion de « race » lui paraît insuffisant.

En janvier 1934 un ami de Drieu, le brillant Bertrand de Jouvenel, le fait inviter dans le Berlin de Hitler. Il y rencontre un Allemand nazi et francophile de trente ans, Otto Abetz, chargé du « rapprochement » franco-allemand. La conférence de Drieu à Berlin (en français, il ne saura jamais l'allemand) a du succès. Abetz devient un ami. Drieu rencontre quelques ouvriers qui furent communistes et sont nationaux-socialistes sans, proclament-ils, que leur idéal ait changé.

Arrive, à Paris, l'émeute, le rassemblement du 6 février, à l'appel des Ligues de droite et d'Associations d'Anciens combattants.

Brasillach, critique dramatique, sort d'une « générale » et voit ces milliers de gens qui toute la nuit dans le vent froid vont errer et, ouvriers ou bourgeois, parler entre eux. Pour Brasillach, c'est l'heure du fascisme en France. Le 6 février c'est la revanche des jeunes contre ceux qui « ont perdu la paix ».

Drieu, lui, réagit en ancien combattant : que tous s'unissent par-delà les partis. Il espère ce qu'à la fin des années 1980 on appellera un « comité de coordination ». Il téléphone à Aragon dont une double brouille le sépare depuis des années. Aragon lui a crié « Fasciste ! » la pire de ses insultes. Aragon répond que « le Parti sait ce qu'il y a à faire ».

A la différence de Brasillach, Drieu trouve la manifestation de la gauche, le 9 février, aussi émouvante que celle de la droite le 6. D'ailleurs, en cette première nuit, n'avait-il pas entendu chanter à la fois la *Marseillaise* et l'*Internationale* !

En 1935 Drieu rencontre Christiane Renault : cet amour violent et fou le tire vers le milieu où vit l'épouse du constructeur d'autos.

Brasillach fabrique des éditos à la manière de Céline et, Normalien brillant, y réussit, encore que son souffle soit court.

Drieu est déjà un écrivain confirmé. L'essayiste du *Jeune Européen* ou de *Genève ou Moscou*, le conteur d'*Etat-civil*. Un romancier aussi. *Une femme à sa fenêtre* montre une aristocrate amoureuse d'un aventurier qui a choisi le communisme. En 1931 il avait publié un récit inoubliable. *Le Feu follet*, c'est le roman du désespoir d'être, de l'impossibilité d'aimer, histoire de drogue, de révolte d'un homme contre sa propre vénalité, et qui finit par le suicide. Drieu s'était inspiré d'un surréaliste sans œuvre, Jacques Rigaut qui s'était en effet tué pour s'évader de lui-même.

Bertrand de Jouvenel fonde un hebdo, *La Lutte des jeunes*, Drieu y publie l'essentiel de ce qui deviendra son livre *Socialisme fasciste* (1934). A Victoria Ocampo l'amie d'Argentine il écrit : « Si je ne deviens pas socialiste ou fasciste, je crèverai. » Et dans *Socialisme fasciste* ce texte-clé :

« Je suis pour Staline, Mussolini, Hitler, Pilsudski, etc. Je suis toujours pour ceux qui " mettent la main à la pâte " comme disait Fouché. Je ne pardonne l'opposition éternelle qu'aux naïfs, aux vieux anges — ou aux intellectuels. Mais pas à Trotsky, un vaincu, un raté comme Chateaubriant. »

Et ceci encore, la clé de ce qui va suivre — et que sans doute Brasillach n'aurait jamais pu penser :

« Quelle différence entre mussolinisme, ou hitlérisme, et stalinisme ? Aucune... Le machiavélisme le plus vulgaire. Et pourtant un renouvellement de la vie humaine, ces grandes fêtes, cette perpétuelle danse sacrée de tout un peuple... devant une face divinisée. »

Dix ans d'avance il écrit : « Il y aura des pelotons d'exécution, douze fusils pour les fanatiques vaincus par d'autres fanatiques. » Et il sait que pour « les conciliateurs » il y aura des balles aussi « — et tant d'injures que c'en est une plénitude ».

Drieu était lesté de ses trois amitiés majeures. Aragon, perdu à jamais, devenu communiste. Emmanuel Berl avec lequel il publiera durant sept mois en 1927 un hebdomadaire rédigé par eux deux, *Les derniers jours* : celui-là il en fera un juif caricatural dans *Gilles*. Et une amitié contractée dès 1927 fondée sur une intense admiration pour l'écrivain : celle de Malraux... Cette amitié-là malgré les éclipses dues à la politique ne finira jamais.

Novembre 1934. Drieu et d'autres écrivains sont invités à Nuremberg au Congrès national-socialiste. Musique, chants, défilés, et torches. Nietzsche et Wagner. Drieu sent « une espèce de volupté virile qui flotte partout qui n'est pas sexuelle mais très enivrante », écrit-il à Christiane-Beloukia, son héroïne. Passant par Berlin il se prend d'amitié pour Ernst von Salomon l'auteur des *Réprouvés* qui a fait six ans de prison parce qu'il avait au moins incité au meurtre de Rathenau, ministre des Affaires étrangères progressiste et juif. Rathenau qui voulait la Société des Nations...

En 1935 il fait un bref voyage à Moscou qui le déçoit.

De toute façon, Drieu est pris. Il a trouvé son messie français (comme bien d'autres intellectuels) : c'est Doriot, ouvrier, communiste encore, lors du 6 février, qui faillit surpasser Thorez dans les faveurs de Moscou. Ayant failli, il trouve aussitôt un autre point d'appui. Assez curieusement, Drieu pendant deux ans ignorera (voudra ignorer ?) qui comble le déficit de l'hebdomadaire l'*Emancipation nationale* et du Parti populaire français, le P.P.F. C'est Mussolini, et aussi, au début, des financiers et industriels français dont Louis Renault. Ce qui ne peut pas gêner Brasillach. Ce qui pour Drieu serait décisif.

En attendant, Drieu se prend d'exaltation. Pour lui, « le grand Jacques » c'est une vision. Il regrette bien sûr qu'il porte lunettes mais quelle « substance forte » et comme « il mouille bien sa chemise » pour raconter « toute son histoire, toute notre histoire depuis dix-sept ou dix-huit ans ».

Drieu La Rochelle le dandy écrit pendant deux ans, régulièrement, l'éditorial de l'*Emancipation nationale*.

Peu avant de mourir il juge ses égarements, ceux de 1936 comme ceux de l'Occupation, son admiration délirante du nazisme :

« Mes ennemis ont très bien senti — c'était assez visible — le caractère féminin, inverti, de mon amour de la force. Mais il y a cela chez certains intellectuels communistes comme chez certains fascistes » (la dernière flèche devait viser Aragon).

Le Front populaire arrive au gouvernement. Pour l'équipe de *Je suis partout* (dont Brasillach va devenir plus tard le rédacteur en chef) Léon Blum, le juif au pouvoir est à « fusiller, mais dans le dos ».

Brasillach est heureux dans son équipe. Cousteau, Labreaux seront pour lui « l'entourage », les camarades, les copains comme Bardèche restera le frère et le plus intime ami.

Drieu écrit *Rêveuse bourgeoisie*, roman de sa famille, rêve à *Gilles*, son roman d'apprentissage et reste déchiré dans ses amitiés. Malraux « l'engueule ». Ça lui donne mauvaise conscience, mais il continue ses éditoriaux à la gloire de « Jacques Doriot, ouvrier français »... Jusqu'au moment — en 1938 — où il découvre ce que Brasillach sait, comme tout le monde : après Louis Renault et d'autres capitalistes français, ce sont les caisses noires de Mussolini qui alimentent le P.P.F. Horrifié, Drieu rompt avec Doriot.

Il reviendra vers lui au pire moment, en 1942 quand il ne croit plus au fascisme et qu'il est sûr de la défaite de l'Allemagne.

Nuits noires

La guerre, de nouveau. Drieu publie *Gilles* amputé de quelques passages par la censure de Jean Giraudoux (il le republiera, complet, en 1942). Roman à clés ? Il croit que tout roman l'est « mais on ne peut pas reproduire le modèle exactement à partir du moment où il est introduit dans une histoire ». Mais il soupire depuis longtemps qu'il ne peut jamais raconter que sa propre histoire.

Après la défaite, les positions sont claires. Brasillach met, en 1941, *Je suis partout* au service de la collaboration, c'était l'esprit même de la publication, et l'idéologie des journalistes.

Drieu, lui, va voir Abetz qui lui déconseille de collaborer à la presse parisienne. Aussitôt, par défi, Drieu donne des articles à *La Gerbe* hebdo culturel de la collaboration. Alors Abetz lui propose la direction de la revue littéraire la plus importante : la *N.R.F.* Drieu accepte ce « pis-aller », qui fait lever les scellés des éditions Gallimard.

Ceux dont il souhaitait les articles : Gide, Valéry se récusent. Drieu est plein d'illusions. Il croit obtenir d'Abetz de publier dans la *N.R.F.* un papier clé de Robert Aron montrant que les ordonnances anti-juives de Vichy font « mauvais effet ». Bien sûr, il échoue. Et il s'enfonce. Il donnera un seul article à *Je suis partout*, sur la demande de Brasillach, dont le titre résume le contenu : « Ils n'ont rien oublié et rien appris. » Ils, ce sont les intellectuels. Il publiera, ailleurs, *Cousu de fil* _rouge_ dénonçant l'enthousiasme d'Aragon pour les troubadours qui est un appel à la Résistance. En mai 1941, il fait libérer Jean Paulhan arrêté pour complicité dans la fameuse « Affaire du Musée de l'Homme » dont les participants ont été punis de mort (comme Léon-Maurice Nordmann) ou de déportation (comme Agnès Humbert entre autres).

En octobre 1941, Drieu, avec Brasillach et d'autres, voyage en Allemagne. Déjà, il est profondément déçu. Dès décembre, alors que les troupes allemandes sont encore victorieuses en Russie il note dans son Journal : « Après tout j'aime mieux que l'Europe devienne communiste et russe, _qu'elle_ redevienne anglaise (_sic_) » (pour un anglolâtre comme Drieu c'est stupéfiant).

Le 16 juillet 1942, les juifs sont arrêtés à Paris (rafle du « Vel' d'Hiv' ») et dans toute la France. La rafle est faite par la police française. En août, on déportera de France 4 000 enfants sans parents.

Un évêque, Mgr Saliège, proteste contre ces arrestations, ces enfants que l'on arrache à leurs mères. Brasillach écrit dans _Je suis partout_ du 25 septembre : « ... _il faut se séparer des juifs en bloc et ne pas garder les petits_ ».

En novembre 1942, convaincu de la défaite de l'Allemagne, Drieu, dans un acte de suicidaire orgueil, retourne chez Doriot.

« 7 novembre — Rommel abandonne El Alamein et bat en retraite. Je rentre au P.P.F. », dit le Journal. Et dans la grande salle du Gaumont-Palace, il salut à l'hitlérienne, aux côtés du « grand Jacques » en uniforme pro-nazi. En janvier 1943, Brasillach réaffirme que Hitler « est socialiste ». Sur son carnet il marque : « On peut parfois se sentir las, on n'a pas le droit de changer d'avis. » Et il publie un article en faveur de la L.V.F., la Ligue des Volontaires Français sur le front allemand. Il sait, lui aussi, l'Allemagne perdue.

Drieu, en ses dernières années, est saisi par moments

de délire. Il va à l'ambassade d'Allemagne leur dire qu'ils ne font pas de la France un pays socialiste, comme ils l'avaient promis. Ces Allemands hitlériens se savent perdus, se demandent à qui donner des gages. Ils savent beaucoup — sinon tout — sur l'extermination des juifs et des résistants. Ils ont dû croire ce Français fou...

Dans son Journal il écrit soudain — sans rapport avec ce qui précède : « Je hais les juifs. J'ai toujours su que je les haïssais. » Il hait aussi Laval le Premier ministre « ignoble métis de juif et de tzigane » (?). Pétain, « vieille bourrique du juste milieu ».

Il se met à composer un *Judas* : sans cette trahison nécessaire Jésus n'aurait pu être reconnu. Est-il Judas ? Bientôt, il découvre qu'il « méprise » aussi Jésus.

En mars 1943, Colette Jeramec et ses deux fils, André et Gilles, sont arrêtés. Avec le maximum de mauvaise humeur et se traitant d'imbécile, Drieu, qui se trouve à Gien, se précipite à Paris. Abetz, ici, ne peut rien. Il faut aller supplier ces militaires allemands qu'il méprise. Horreur ! D'ailleurs autour de lui des femmes « bien-veillantes » murmurent que Colette s'était fait arrêter « exprès pour qu'il s'occupe d'elle ». Il la fait libérer et délire encore plus... Ce qui ne l'empêche pas d'écrire *Les Chiens de paille*, roman sans génie mais bon recensement des opinions de l'époque.

Très parallèlement, Brasillach publie un article relatant une conversation avec un jeune homme qui pense à devenir résistant et qui, donc, lui fait confiance.

En août 1944, quand les Alliés avancent sur Paris, Drieu tente de se suicider.

Pourtant, à l'insu l'un de l'autre et Malraux (le colonel Berger) et Aragon (« François la colère » chantre du communisme résistant) ont juré à Colette Jeramec qu'il aurait la vie sauve. Il écrit : « Le peloton d'exécution après jugement de ces quatre années ? Mais les prétextes en seront tellement sordides. » Il est allé en

Suisse : il pouvait y rester. Il en est revenu. Il ne veut partir ni en Espagne (on lui offre passeport et visa) ni en Allemagne, comme « eux tous ».

Il règle l'enterrement (civil), écrit des lettres, aborbe une dose qu'il croit mortelle de barbiturique. On le sauve. Il entreprend *Dirk Raspe* un roman où il se voit comme une sorte de Van Gogh.

Après avoir essayé de vivre hors de Paris il y revient. Colette Jeramec l'installe près de Saint-Ferdinand-des-Ternes. Le 1ᵉʳ janvier 1945 « la tentation revient, très forte ».

Il apprend le 6 février l'exécution de Brasillach qui s'était — volontairement et obstinément — constitué prisonnier. Drieu écrit : « Soyez fidèles à l'orgueil de la Résistance comme je le suis à l'orgueil de la Collaboration. Ne trichez pas plus que je ne triche. Condamnez-moi à la peine capitale. Oui je suis un traître. Oui j'ai été d'intelligence avec l'ennemi. Oui j'ai apporté l'intelligence française à l'ennemi. Ce n'est pas ma faute si cet ennemi n'a pas été intelligent. Je ne suis pas qu'un Français, je suis un Européen. Vous aussi vous l'êtes, sans le savoir ou le sachant. Mais nous avons joué, j'ai perdu. Je réclame la mort. »

Le 16 mars au matin il est trouvé mort.

Brasillach, aussi, est, dit-on, intervenu pour des Résistants condamnés. A la fin se sentait-il ébranlé dans son fascisme ? Il fut un fasciste, un raciste beaucoup plus constant que Drieu. Plus mystificateur. Brasillach assurait à des amis qu'il ne serait jamais partisan de massacres. Il a pourtant en fait livré au massacre tous ceux que dénonça *Je suis partout*.

Un rédacteur en chef est responsable. Il n'avait pas démissionné. Lui aussi savait à la fin qu'il avait perdu. Il avait rêvé de mourir à trente ans en ayant accompli de grandes choses. Il est mort à trente-cinq ans. Son œuvre survivra-t-elle ?

Le Drieu du *Feu follet*, du *Récit secret*, d'*Etat-civil* est parti sur les mots :
« Quel bonheur de ne pas devenir un vieillard. »
Il s'est jugé. S'est-il fait justice ? Nul n'en sait rien.
Il fut le séducteur que l'idéologie a mystifié.

D. D.

Robert Belot

Rebatet contre Brasillach

« A *Je suis partout,* nous ne nous contentions pas
de Paris, et des réunions de l'amitié. Il nous est
arrivé de voyager ensemble, de faire des conférences collectives. La plus belle se fit à Lyon, deux
années de suite, par les soins d'amis passionnés pour
notre journal. Nous l'appelions notre *parteitag,* à la
manière de Nuremberg. La séance était plus modeste
évidemment que les congrès nazis, mais se passait
dans une ferveur vraiment magnifique. Il y avait là
Georges Blond, P.-A. Cousteau, moi-même, et en
1938, nous emmenâmes Lucien Rebatet. Il se fit
applaudir trois fois au cours de sa première phrase,
souleva un enthousiasme considérable, et la foule qui
l'écoutait se sentait prête à tout, à la révolution
comme au pogrom. Nous n'avons jamais voulu croire
que les Lyonnais étaient des gens froids. Il est vrai
que pour nous rappeler à la modestie, nous allions
le lendemain parler à Saint-Etienne dans une salle
obscure, miteuse et vide, où nous avions toutes les
peines du monde à empêcher Lucien Rebatet de faire
du scandale. " Je m'ennuie trop ", murmurait-il d'une
voix redoutablement perceptible. Il sortait de la
scène sans façon, rêvait de dessiner des inscriptions
obscènes dans les couloirs, explorait les greniers, et
projetait de faire sa rentrée sur l'estrade muni d'une
paire d'échasses qu'il avait découvertes, tandis que
nous mourions d'inquiétude et de rigolade contenue. »

Robert Brasillach,
Notre Avant-Guerre.

La postérite de Robert Brasillach et de Lucien Rebatet est longtemps restée prisonnière d'une historiographie française qui a paressé dans la dialectique stérile du résistantialisme héroïsant et de l'hagiographie partisane. Confortablement réprobatrice ou louangeuse, la mémoire de ces deux figures marquantes du collaborationnisme intellectuel n'a guère été exposée au risque des études de cas rigoureuses fondées sur une démarche véritablement historienne, c'est-à-dire comparatiste. Une astuce méthodologique simple nous propose pourtant, pour apprécier la singularité d'un phénomène, de le confronter avec ce qui lui est à la foi proche et éloigné. Qui mieux que Rebatet, lié à Brasillach par une amitié et une « camaraderie de combat [1] », peut-il remplir plus efficacement cet office ?

De la physionomie générale de leur itinéraire politique se dégage d'abord des lignes de ressemblance qui s'organisent autour du même paradoxe : deux jeunes enfants du siècle, qu'un dilettantisme nonchalant et bohême doublé d'un non-conformisme esthétique, moral et politique portaient plutôt à mépriser les affaires de la cité, décident, guidés par le même « frère aîné [2] » — Pierre Gaxotte — qui leur ouvre les colonnes de *Je suis partout*, de mettre leur plume d'esthètes talentueux au service d'un combat politique qu'ils imaginent à la pointe du patriotisme mais qui va les transformer en « traîtres » la guerre venue et perdue, et les anéantir. Pourtant, le traitement différentiel avec lequel la justice a sanctionné leur engagement politique — la mort pour l'un, la prison pour l'autre —, pourrait laisser à penser qu'une inégale pesée des « responsabilités » de chacun a fait pencher la balance en faveur de Rebatet. Nous voudrions montrer, intrigués que nous sommes par une postérité qui s'est désolidarisée de ce jugement pour pleurer Brasillach et

---

1. Rebatet (L.), *Les Mémoires d'un fasciste - 1941-1947*, t. II, J.-J. Pauvert, 1976, p. 69.
2. Rebatet (L.), *Les Décombres*, Denoël, 1942, p. 45.

mépriser Rebatet, en quoi la thèse inverse semble plus conforme à la réalité, perçue ici à travers leur approche de l'antisémitisme et de la collaboration.

1 — Deux tempéraments

Ce qui distingue les deux hommes, et permettra de mieux saisir la spécificité de leurs réactions politiques, est d'abord affaire de tempérament. Brasillach apparaît aux yeux de son confrère admiratif comme un homme de mesure, « exquis, sensible, raffiné[3] », à l'esprit « séduisant[4] » et à l'intelligence normalienne aux « facultés confondantes[5] » ; Rebatet est dépeint par le même sous les traits contrastés d'un homme doué d'une grande culture artistique mais qui, pour ne pas faire mentir sa réputation de polémiste — « un des plus remarquables », lit-on dans *Notre Avant-Guerre*[6], s'est imposé au sein de l'équipe de *Je suis partout* comme l'être « le plus opiniâtre et le plus violent », le seul capable d'établir autour de lui « un climat de catastrophe et de révolte[7] ». Les traits dominants de leur caractère correspondent étonnamment à leur physique : le « tendre Brasillach », ironise Céline[8], au visage « replet et joufflu[9] », — mais non sanguin —, évoque le collégien enthousiaste et optimiste qui provoque naturellement la sympathie, tandis que « l'hépatique Rebatet[10] », avec sa figure émaciée, nerveuse et tourmentée d'un être, selon le mot de

---

3. Rebatet (L.), *Les Mémoires...*, *ibid.*, p. 70.
4. Rebatet (L.), *Les Décombres*, *ibid.*, p. 43.
5. Rebatet (L.), *Les Mémoires...*, *ibid.*, p. 55.
6. Brasillach (R.), *Notre Avant-Guerre*, Plon, 1941 (rééd. 1981), p. 224.
7. *Ibid.*
8. Lettre de Céline à M. Charrasse, 23 décembre 1949. *Ibid.*, Français Gibauld, *Céline 1944-1961, Cavalier de l'Apocalypse*, Mercure de France, 1981, p. 223.
9. Poulet (Robert), *Le Caléidoscope, trente-neuf portraits d'écrivains*, l'Age d'Homme, 1982, p. 143.
10. Témoignage de Pierre Boutang à l'auteur.

Robert Poulet, qui semble n'avoir pas « réussi à jouir tout à fait de lui-même [11] » suscite généralement détestations et mépris chez ceux — innombrables — qui ont eu à subir ses excès verbaux. Si « l'esprit fasciste » dans lequel ils communient est assez fort pour ne pas rendre incompatibles leurs personnalités si dissemblables, celles-ci n'ont pas manqué d'influer sur leur comportement politique, pour devenir déterminantes au moment des crises majeures.

2 — *Deux antisémitismes*

Avant-guerre, c'est leur rapport à l'antisémitisme qui enregistre le plus clairement ces différences qui, malgré tout, arrivent à cohabiter dans une harmonieuse complémentarité. Répugnant comme P. Gaxotte « aux causes simplifiées [12] », Brasillach se conforme assez strictement au schéma maurrassien qui, tenant pour « folie pure » le racisme [13], oppose antisémitisme « d'état » et antisémitisme « de peau [14] » : dans l'éditorial de présentation du numéro spécial de *Je suis partout* sur *Les Juifs* (15 avril 1938) que Rebatet a entièrement rédigé, il rappelle solennellement — comme pour mieux contrebalancer la rigueur des propos de son ami — que seul est défendable un antisémitisme « de raison » qui, en dotant les juifs d'un statut « qui les protège en même temps qu'il nous protège », endiguerait les réactions imprévisibles de l'antisémitisme « d'instinct » : il réitère les mêmes prudences dans son introduction au numéro spécial *Les Juifs et la France* (17 février 1939) — également composé par Rebatet — qu'il fait débuter impérativement par : « Premièrement, pas de persécution »

---

11. Poulet (R.), *op. cit.*, p. 93.
12. Rebatet (L.), *Les Décombres, op. cit.*, p. 76.
13. Maurras (Charles), *L'Action Française*, 15 juillet 1936.
14. *Ibid.*

et où il développe l'idée selon laquelle « nous ne sommes pas racistes » à partir du moment où nous considérons que « le peuple juif est une nation ». L'impétueux Rebatet ne se satisfait pas de cet antisémitisme « incomplet » qu'il reprochera vivement à Maurras [15] au moment où, en pleine occupation, il affirme que la définition du juif « doit être raciale [16] ». Chez lui, l'antisémitisme dépasse très tôt les exigences nationalistes pour participer d'une véritable démonomanie qu'il entend ne pas dissocier d'un vaste « assaut romantique contre la raison [17] ». Son refus, avant-guerre, de théoriser la question juive à travers une « raciologie » du type de celle de Rosenberg traduit moins une réticence intellectuelle devant le racisme — comme chez Brasillach — que le souci délibéré d'éviter « cette intrusion de principes et de vetos métaphysiques [18] », d'essence talmudiste selon lui, pour fonder un antisémitisme « non pas théorique mais de simple expérience [19] », c'est-à-dire physique. La spécificité juive n'est donc pas perçue à travers les notions abstraites de peuple, de religion ou même de race (dans un premier temps), mais constatée « de visu » à travers le pouvoir répulsif que le physique du juif suscite instinctivement : on « déteste par épiderme », déclare-t-il ; un Julien Benda est « physiquement (...) une justification éblouissante de l'antisémitisme [20] ».

Il ne faudra pas s'étonner que les méthodes préconisées soient aussi radicales que le constat se veut primaire : « Emprisonnons ou établissons des camps de

---

15. Rebatet (L.), « Maurras sans phrases », *Notre combat*, 27 mars 1943.
16. Rebatet (L.), « L'Intelligence française doit prendre position sur le problème de la race » *Je suis partout*, 19 mars 1941.
17. Rebatet (L.), « Un semeur d'antisémitisme : M. Benda », *Je suis partout*, 16 janvier 1938.
18. Rebatet (L.), « Juifs et catholiques », *Je suis partout*, 1er avril 1938.
19. Rebatet (L.), « Les Emigrés politiques en France », *Je suis partout*, 4 mars 1938.
20. Rebatet (L.), « Un semeur... », *art. cit.*

concentration », propose-t-il dès 1935 [21] ou bien « c'est
le pogrom aveugle, brutal — et libérateur — qui réglera
tout ». Nous sommes là au cœur même de ce qui sépare
Rebatet de Brasillach. Alors que le premier considère
le pogrom comme une hypothèse, regrettable certes mais
plausible, le second, se prévalant de la tradition nationaliste française qui persiste à voir dans le racisme une
exportation allemande, ne cesse de réaffirmer ce qui
lui paraît relever de l'impératif catégorique : « Nous ne
voulons tuer personne, nous ne désirons organiser aucun
pogrom [22]. » De la même manière, le recours au système
concentrationnaire comme instrument de gouvernement
est jugé tout à fait légitime par Rebatet quand, au même
moment, Brasillach dans l'*Action française* prévient qu'il
n'a « aucune envie de défendre les camps de concentration allemands [23] » et de donner dans le « snobisme hit-
lérien ». Contrairement à ce qu'on peut observer chez
son camarade, son antisémitisme est frappé de subsidia-
rité parce qu'il vise, dans une France que la crise rend
particulièrement agressive à l'égard des juifs, à transformer une « réaction instinctive » en « décision raisonnable [24] ».

3 — *Deux collaborations*

Les mêmes lignes de partage s'inscrivent dans la
manière également différenciée dont ils vont réagir à la
réalité collaboratrice où, là encore, la notion de collaboration « de raison » / « de cœur » va les distinguer. La
captivité de Brasillach, qui lui enseigne la dure réalité de

---

21. Rebatet (L.), « Les Etrangers en France : l'invasion », *Je
suis partout*, 23 mars 1935.
22. Brasillach (R.), « La Question juive », *Je suis partout*,
15 avril 1938.
23. Brasillach (R.), « André Malraux : le temps du mépris »,
L'Action française, 13 juin 1935.
24. Brasillach (R.), « La Question juive... », *art. cit.*

la guerre, a certainement manqué à Rebatet, le « fanta-
bosse » de l'équipe que son fascicule bleu éloigne du
front où il rêvait d'éprouver les viriles vertus du combat.
Son combat sera principalement dirigé contre l'atten-
tisme de ceux qui, l'armistice signée, refusent la cobelli-
gérance et l'union idéologique avec l'Allemagne victo-
rieuse alors que Brasillach sera tenté par une attitude
de conciliation entre les camps. Comme la majorité des
prisonniers de guerre, il est maréchaliste et se refusera,
la durée de l'occupation, à cautionner la voix de ceux
qui, Rebatet à leur tête, contestent radicalement la
légitimité de Vichy (c'est la thèse sur laquelle Maître
Isorni a bâti sa plaidoirie) : il lui arrive, comme rédacteur en chef, de demander « sèchement [25] » à Rebatet de
calmer les sentiments violemment anti-vichyssois qui
l'animent depuis son bref séjour de l'été 1940 dans la
capitale provisoire — expérience qui manque à Brasillach. Aussi logiquement qu'irrévérencieusement, Rebatet
perpètre en 1942, avec *Les Décombres*, l'assassinat de
Maurras, rendu responsable de tous les maux de la
France pour n'avoir pas pu donner corps à un fascisme
français authentique, et se libère du coup d'une référence qui l'encourage au collaborationnisme absolu. Les
haines qu'il amoncelle ainsi sur lui épargneront un
Brasillach qui prend soin de confier, le 26 août 1942 à
Henri Massis, qu'il garde « admiration » et « affection »
au Maître [26] ; tout en sacrant le même jour *Les Décombres* « événement du siècle [27] », il prend publiquement
des distances avec son auteur en affirmant prudemment
dans *Je suis partout* ne pas partager « toutes les vues de
Lucien Rebatet, sinon sur les idées, du moins sur les
personnes [28] ». Ce genre de réserves pourrait traduire

---

25. Rebatet (L.), « Les Mémoires.. », *op cit.*, p. 25.
26. Massis (H.), *Maurras et notre temps*, t. 2, la Palatine.
Genève, 1951, p. 78.
27. Lettre de Brasillach à Rebatet, 26 août 1942.
28. Brasillach (R.), « De l'épopée aux décombres », *Je suis
partout*, 4 septembre 1942.

une forme d'opportunisme si elles ne constituaient les prodromes de la rupture de 1943 en germe dans l'affaire de Toulon et dans celle de la Relève. Le renversement de Mussolini et les premiers revers allemands lui interdisent alors moralement de participer à l'optimisme officiel de la propagande allemande et le rapprochent de son pétainisme premier : comme journaliste, il ne peut « en conscience [29] » continuer de diriger le journal dans le mensonge et le « donquichottisme [30] » : comme citoyen français, il confie à Rebatet que « nous sommes par trop cocus [31] » et qu'il ne faut pas être « plus allemand que les Allemands [32] ». Il ne va cesser dès lors de faire valoir sa thèse d'un *Je suis partout* purement littéraire et d'y ranger son ami dont il est sûr qu'il « comprenne beaucoup mieux les choses que les autres [33] » et qu'il s'éloignera de Pierre-Antoine Cousteau déterminé à maintenir « la ligne seule [34] ». Mais « le Retenez-moi de Neuilly [35] », tout en comprenant le besoin de Brasillach de « ne pas tromper nos lecteurs [36] », est « tiraillé des deux côtés [37] », et hésite à choisir entre la fidélité politique et la fidélité amicale pour, finalement, rejoindre le camp des « durs » : si sa lucidité a pu mesurer la pertinence des arguments de Brasillach, elle n'a pas eu raison de sa croyance déraisonnée en l'invincibilité de l'armée allemande, de sa haine antivichyssoise — que Brasillach conçoit comme « la nuance » qui les « sépare [38] » — et de son sentiment d'être organiquement lié à un pamphlet qui, s'il lui a permis de dépasser l'article quotidien et de se hisser à la reconnaissance littéraire, constituera en effet, pour

---

29. Lettre de Brasillach à G. Blond, 4 août 1943.
30. Lettre de Brasillach à G. Blond, 2 août 1943.
31. Lettre de Brasillach à Rebatet, 14 août 1943.
32. *Ibid.*
33. Lettre de Brasillach à G. Blond, 2 août 1943.
34. Lettre de P.-A. Cousteau à Brasillach, 25 octobre 1943.
35. Lettre de Brasillach au Dr Faure, 23 novembre 1943.
36. Rebatet (L.), *Les Mémoires...*, *op. cit.*, p. 127.
37. *Ibid.*, p. 133.
38. Lettre de Brasillach à G. Blond, 14 août 1943.

des décennies, un symbole honteux pour une France avide de pureté patriotique.

Le rédacteur en chef de *Je suis partout*, lui, est *aussi* « l'auteur de Virgile [39] ». On comprend peut-être mieux pourquoi la postérité littéraire a été plus clémente pour Brasillach que pour son ami dont *Les Deux Etendards* (1952) ne réussiront à sortir du purgatoire. On ne comprend toujours pas pourquoi la justice a sanctionné plus durement celui des deux qui, pour avoir manifesté des signes de prudence et d'indépendance, a été dénoncé à la propagande allemande comme gaulliste (Rebatet aura le courage de reconnaître que la mort de son ami lui a « sauvé la vie [40] »).

On comprend d'autant moins lorsqu'on sait que cette justice s'est précisément polarisée sur l'article 75 du Code Pénal réprimant le crime d'intelligence avec l'ennemi, évacuant de la sorte la douloureuse question du génocide qui deviendra pourtant le paradigme à partir duquel sera lu le destin de nos deux collaborateurs.

---

39. Lettre de P.-A. Cousteau à Rebatet, 7 septembre 1943.
40. Rebatet (L.), *Les Mémoires...*, *op. cit.*, p. 241.

III

LE PROCÈS ET LA MORT

« *Le matin, l'aumônier venait m'apporter la communion. Je pensais avec douceur à tous ceux que j'aimais, à tous ceux que j'avais rencontrés dans ma vie. Je pensais avec peine à leur peine mais j'essayais le plus possible d'accepter.* »

Robert BRASILLACH,
Le mort en feu.

Robert Brasillach

Les frères ennemis

« Le dialogue des *Frères ennemis* a circulé
d'abord en éditions multicopiées tirées à la Ronéo.
La première édition a été publiée en 1950 par les
Editions *Les Sept Couleurs* » (Maurice Bardèche).
L'édition que nous reproduisons est celle du tome IX
des *Œuvres complètes* (Club de l'Honnête Homme).
Le texte est daté par Robert Brasillach de « Noisy-
le-Sec - Fresnes, octobre 1944 ». Faut-il dire que
Etéocle est le maréchal Pétain, Polynice, le général
de Gaulle, l'un et l'autre étant traités comme des
figures symboliques de la Collaboration et de la
Résistance.

PERSONNAGES

Tirésias
Etéocle
Polynice

TIRÉSIAS

Rien ne va plus, on arrête tout le monde, les concier-
ges remplissent les formules de délation qu'on distribue
dans tous les carrefours, mais moi je suis bien tran-

quille, je suis toujours sûr d'avoir le dernier mot. Je suis Tirésias, personne n'osera jamais arrêter Tirésias. A-t-on jamais entendu dire qu'on avait interné un important ecclésiastique ? J'ai célébré l'office sacré pour Laïos et pour Œdipe, je l'ai célébré pour Etéocle, et je chanterai demain sur le parvis pour Polynice si Polynice devient le chef du gouvernement. Mais je conviens que les esprits médiocres, et peu habitués aux subtilités et aux virages de la politique, peuvent se sentir troublés. Peut-être le destin leur répondra-t-il aujourd'hui même ? J'ai toujours été là pour deviner, pour contempler, et pour bénir les crises gouvernementales. A la mort du roi Laïos, c'est moi qui ai déclaré légitime le roi Œdipe, et qui l'ai fait reconnaître par les puissances étrangères. A l'abdication d'Œdipe, c'est moi qui ai imaginé cette ingénieuse paix de compromis qui donnait pour un an le pouvoir à son fils aîné, Etéocle, et remettait à l'année suivante le pouvoir à Polynice. Depuis, il s'est passé bien des choses. Voici le temps où les frères se battent les uns contre les autres. Etéocle a voulu garder la couronne, il s'est appuyé sur l'armée d'occupation spartiate, sur ses chars, sur ses lourdes formations disciplinées, il a accepté de signer des proclamations pour l'unité de la Grèce. Mais le peuple ne l'aime pas, parce que le peuple n'aime pas les Spartiates. Le peuple exige Polynice, qui s'était enfui, qui vient de débarquer avec l'armée d'Argos, qui réclame le retour aux anciennes lois de Thèbes, qui lève dans les campagnes et dans les villes des combattants obscurs et sans uniformes. La bataille décisive est pour cette nuit, les murs de la mer ont été forcés, mais l'Eglise veille et a pu établir la trêve de Dieu. Polynice et Etéocle, avant le combat, vont se rencontrer. Dans ce lieu indéterminé des tragédies, sans préparation, sans entrée motivée, isolés dans la paix d'un instant comme dans une île déserte, le chef de la patrie vaincue et le chef de l'armée d'invasion, tous deux frères, vont se revoir après tant de mois d'absence. Je n'ai plus qu'à disparaître, mais l'œil et l'oreille de Dieu et de ses serviteurs ne sont jamais si loin qu'on le croit.

ÉTÉOCLE

Salut, Polynice, je te reçois dans ta patrie, que tu as abandonnée.

POLYNICE

Salut, Etéocle, je reviens dans ma patrie, que tu m'as interdite.

ÉTÉOCLE

C'est la trêve, Polynice, nous ne sommes pas ici pour nous braquer l'un contre l'autre.

POLYNICE

Sommes-nous donc seulement ici comme deux enfants prodigues qui se retrouvent après un voyage un peu long, et qui évoquent leur adolescence en se disant : « Tu te souviens ? »

ÉTÉOCLE

Je le voudrais. Ah ! comme je le voudrais, pour commencer au moins ! Oui, rayer de notre rencontre ces années si décevantes, si dures, ces années d'homme, et revenir aux jours rayonnants de notre enfance, à l'école buissonnière dans les faubourgs de Thèbes, à nos querelles et à nos amitiés, quand nous échangions nos sacs de billes et que nous commencions, un peu plus tard, à courir les filles dans les bals publics...

POLYNICE

Crois bien que dans ces mois que j'ai passés loin de mon pays, loin de ma famille, loin de tout, c'est à ces jeux, moi aussi, que je pensais. Parfois, j'étais seul, dans la nuit, au fond d'un gîte de hasard, j'avais changé dix fois de domicile et d'identité dans la semaine, j'étais poursuivi, harassé, prêt à me livrer à la police, à affronter les armes de l'aube, les tortures des questionneurs, et soudain une étrange paix descendait en moi, Etéocle. Tu ne le croiras peut-être pas. Je pensais à toi. A toi qui étais heureux, qui régnais, qui dormais dans ton lit entouré de gardes, à toi dont je n'étais pas jaloux. Je pensais au petit Etéocle qui était mon frère et mon ami, et soudain, je ne sais pourquoi, devant cette image de petit garçon aux genoux nus, je me sentais regonflé d'une force extraordinaire, et je retrouvais l'espérance et le bonheur.

ÉTÉOCLE

Et c'est alors que tu arrêtais les voitures sur les routes, que tu assassinais mes gardes fidèles, que tu faisais entrer l'étranger sur notre sol ? C'est à cela que te servait mon image ancienne ?

POLYNICE

Peut-être.

ÉTÉOCLE

Je devrais hausser les épaules, Polynice, je devrais me moquer de toi et de moi, mon pauvre garçon. Mais qui te dit que moi aussi je n'ai pas pensé à toi, perdu dans ton maquis glacé, à cette heure de la nuit où l'on se réveille soudain en se demandant ce qui ne va pas, et

l'on se dit : mais rien ne va, mais la police trahit, mais
les ministres ne sont pas sûrs, mais les alliés nous exploi-
tent, mais les vainqueurs nous mentent, mais le peuple
s'insurge et ne comprend rien, mais le clergé trafique,
mais la jeunesse est pervertie, mais les anciens combattants s'endorment... Oui, je pensais à toi, mon vieux,
et je ne me disais pas, certes, que tu étais plus heureux
que moi, mais je pensais que, si dur soit-il, ton rôle
était plus facile que le mien, et je ne t'en voulais pas, et
j'aurais voulu t'avoir auprès de moi, et te serrer dans
mes bras, et te parler...

POLYNICE

Après quoi, tu faisais arrêter mes amis, exécuter à
l'aube des garçons de quatorze ans, déporter des femmes,
et tu mettais ma tête à prix.

ÉTÉOCLE

A mon tour de te répondre : peut-être.

POLYNICE

J'ai accepté cette trêve avant le combat, pourtant,
non pas dans l'espoir qui berce tant d'habiles et d'ama-
teurs de compromis, mais pour comprendre, vois-tu,
pour comprendre ce que tu es, ce que tu as fait.

ÉTÉOCLE

Est-ce si difficile à saisir ? Nous nous sommes quittés,
Polynice, au moment des pires troubles de la patrie, ou
de ce que nous imaginions être le pire (depuis, nous
avons vu plus mal encore). Le pays envahi jusqu'au
fond, le régime jeté à terre. Œdipe, notre père, perdu et
déshonoré, presque aucun espoir qui luise à l'horizon. Il

ne pouvait y avoir de salut possible qu'en restant ici et en disant oui à ce qui était.

POLYNICE

J'ai pensé qu'il ne pouvait y avoir d'autre issue qu'en disant non, en s'en allant, et en revenant un jour en secret pour changer ce qui était.

ÉTÉOCLE

Et pourtant, nous sommes là, Polynice, aujourd'hui, entourés de nos souvenirs, entourés de nos illusions mortes, et peut-être pourrions-nous trouver dans notre passé et dans notre enfance assez d'affection pour réduire ce non et ce oui à une commune espérance, ne le penses-tu pas ? Je le sais, que tu es déçu par tes alliés, par tes amis, par tes fidèles. Il y a Argos qui cherche un moyen pour faire de Thèbes une colonie, et Argos est ton allié, et Argos payait la solde de tes soldats et c'est l'armée argienne qui assiège Thèbes aujourd'hui. Il y a les bandits de toute race que tu as rassemblés sous ta bannière, en même temps que les garçons au sang vif, que les conservateurs, les révolutionnaires et les héros révoltés. Et tout cela ne te plaît pas plus que ne me plaisent les policiers marrons, les traîtres prêts à suivre qui les paie, les heureux qui se croient du côté du plus fort. Chacun de nous, à un moment de son histoire, a été dupe. Peut-être n'avons-nous rien de plus solide pour construire l'avenir que le sentiment de cette duperie ?

POLYNICE

J'y ai pensé. Mais je ne suis pas sûr, Etéocle, que tu aies saisi ce qui nous a séparés, si profondément, lorsque dans l'écroulement du solstice d'été, il y a déjà si longtemps, les décombres de la patrie se sont amoncelés sur les routes de la fuite et de la défaite. Ce n'est pas seulement un oui et un non, une acceptation et un refus, qui ont fait notre différence. C'est quelque chose de plus grave et de plus tragique.

ÉTÉOCLE

J'avais la raison pour moi. Tout était perdu, je savais qu'il faudrait vivre à petit feu pendant des années, renoncer à la gloire, subir, s'accommoder. Je l'ai fait, avec cette conviction intime que j'étais capable, moi seul capable, d'accomplir ce salut ingrat. C'est pour cela que je n'ai pas voulu te rendre la couronne, je te connais depuis longtemps, tu es trop vif, trop impétueux, tu n'aurais pas su faire ce que j'ai fait.

POLYNICE

La raison, c'est le mot que je voulais te faire prononcer. Tu avais la raison, et moi j'avais l'instinct, vois-tu. Dans cet été où tout semblait perdu, il y a eu deux voix pour s'élever, la tienne, qui était la voix raisonnable, et la mienne, qui était la voix instinctive. Comment pouvais-tu croire que la raison triompherait ?

ÉTÉOCLE

Mais j'ai servi même ton instinct ! Mais si ma raison n'avait pas été là, mais si je n'avais pas gardé dans ce pays un semblant d'ordre, un semblant de paix, jamais toi-même tu n'aurais pu mener ton action, préparer ce grand jour où éclaterait la lumière de ton instinct, comme une bombe au petit matin. Sans moi, tu n'aurais rien pu faire, Polynice. Sans moi, tes militants impitoyablement traqués dès la première heure, tes hommes tous déportés, tes cadres détruits, le pays à feu et à sang, jamais tu n'aurais pu sauvegarder la petite chandelle vacillante sur laquelle soufflaient tant d'ouragans.

POLYNICE

Je ne le dirai pas à mes militants, je ne le dirai peut-être même pas à l'histoire, mais je sais que c'est vrai, Etéocle.

ÉTÉOCLE

A tes militants, tu dis que je suis un traître. Quant à l'histoire, elle est écrite par les vainqueurs, quels qu'ils soient. Son jugement ne doit pas intéresser les hommes du temps présent.

POLYNICE

Et toi, que dis-tu de moi ?

ÉTÉOCLE

Nous sommes quittes, Polynice, l'un l'autre nous menaçant, l'un l'autre nous injuriant, et au cœur, lorsque nous nous réveillons la nuit, la petite image des frères que nous avons été, qui continuent à s'aimer.

POLYNICE

Qu'importe de s'aimer ? Ce n'est pas à des hommes comme nous qu'il faut en parler, de s'aimer, nous avons autre chose à faire, nous sommes devenus beaucoup plus que nous-mêmes, symboles d'une attitude et symboles d'un univers. Nous n'avons pas le droit de nous aimer.

ÉTÉOCLE

Sommes-nous si loin l'un de l'autre ? Je m'appuie sur Sparte comme tu t'appuies sur Argos, et chacun de nous pourtant espère bien qu'un jour Thèbes recouvrera son indépendance passée. Nous devons nous fier à des alliés ou à des vainqueurs dont bien des choses nous séparent, nous servir de domestiques ou d'hommes à gages que nous méprisons tous deux, utiliser des armes qui ne sont pas toutes honorables, couvrir des assassinats et des crimes, ou à tout le moins, pour les meilleurs d'entre nous, les ignorer, ne pas en être informés, et passer outre, parce que telle est la nécessité ! Nous sommes pareils.

POLYNICE

Nous ne sommes pas pareils, puisque le peuple ne s'y trompe pas. Il déteste Sparte, qui lui tue sans doute moins d'hommes que les attaques et les incursions d'Argos, il dit que tu es l'esclave de Sparte, il ne croit pas que je sois autre chose que l'allié d'Argos. Au-delà de tous les raisonnements, il y a l'instinct qui parle en lui, et voilà tout. Je t'ai déjà dit que je n'avais pas d'autre mérite que d'être ici la voix de l'instinct.

ÉTÉOCLE

Ah ! laisse-moi, Polynice, faire un dernier effort pour la voix de la raison. Si nous sommes ici, ce n'est pas pour affronter nos conceptions de l'Etat, ce n'est même pas pour nous demander qui de nous a eu raison dans les chaudes journées de juin où s'est disloqué le destin de Thèbes, c'est pour essayer, avant la dernière bataille, de réunir nos forces et notre amour. Si je voulais, Polynice, je ferais entrer parmi nous notre mère Jocaste, celle qui pleurera sur toi comme elle pleurera sur moi, celle dont je ne veux pas utiliser, même pour le plus noble but, la douleur et la tragédie. Mais tu sais bien que si, à cette minute suprême, nous ne nous accordons pas, ce n'est ni toi ni moi qui gagnerons, c'est Argos ou Sparte, et c'est même pire encore : c'est Tirésias, c'est Créon, c'est

le parti des combinaisons et des atermoiements, et tous
les militants de Polynice ou les militants d'Etéocle se
seront entre-tués pour rien, au profit de l'argent et de
la plus sordide des affaires.

POLYNICE

C'est toi qui as accepté la défaite de Thèbes, c'est toi
qui m'as rejeté hors de la patrie, c'est toi qui m'as fait
déchirer la robe de l'unité.

ÉTÉOCLE

Je te répète qu'il ne faut pas discuter, Polynice, il
n'en est plus temps. Je sens qu'au-dehors un sablier fatidique s'écoule et nous mesure les minutes : bientôt il
sera trop tard, hâtons-nous. Je ne t'ai pas jugé capable
de mener Thèbes, j'ai cru qu'il fallait s'accommoder de
Sparte, j'ai détesté Argos qui nous avait tant de fois
trahis. Mais qu'importent aujourd'hui Argos et Sparte ?
L'une et l'autre ont leurs difficultés, leur gangrène. C'est
Thèbes qui m'intéresse, c'est à elle seule que nous devons
penser.

POLYNICE

Que veux-tu de moi ? Que nous apparaissions tous
deux enlacés, avec Jocaste bénisseuse derrière nous, et
que nous proclamions devant le peuple que la guerre est
terminée, et que les armées étrangères n'ont plus qu'à
retourner chez elles, chacune de leur côté ? Elles ne
voudront pas, et voilà tout, elles se battront sur notre
sol, et rien ne sera changé.

ÉTÉOCLE

Nous sommes de la race d'Œdipe, Polynice, tant de
querelles et de crimes ne suffisent-ils pas aux dieux ? Ne

faut-il pas en finir de rivaliser avec le sang le plus noir
de la Grèce, le plus chargé en malheurs ? Ne pouvons-
nous arrêter à notre génération la malédiction qui pèse
sur nous ? Faire que la petite Antigone et la petite
Ismène aient leur part de bonheur, et après elles, nos
enfants, si nous avons des enfants ?

POLYNICE

Je le voudrais bien, moi aussi.

ÉTÉOCLE

Est-ce difficile ? Ces guerres que tu crains, pourraient-
elles avoir lieu, pourraient-elles nous faire souffrir si
Etéocle et Polynice apparaissaient, comme tu le dis iro-
niquement, embrassés devant le peuple ? Ne pouvons-
nous nous accorder ? Ne crois pas que je veuille le
pouvoir. Je l'ai voulu parce que Sparte dominait, que
j'étais seul à m'entendre avec elle. Mais aujourd'hui, ce
jeune frère impétueux dont j'avais peur a été mûri par
l'exil, par la lutte contre ses propres alliés, et par cette
existence souterraine à travers les fuites et les dérobades.
Il est digne de régner, je le sais bien. Il saura tenir la
balance avec Argos comme je l'ai fait avec Sparte. Je ne
lui demande rien que de comprendre ce que j'ai fait et
ce que j'ai voulu.

POLYNICE

Je le voudrais, Etéocle. C'est trop tard.

ÉTÉOCLE

Il n'est jamais trop tard. Si tu refuses, c'est l'insurrec-
tion, c'est le massacre de la ville révoltée par les légions
spartiates, c'est la folie révolutionnaire.

POLYNICE

Pis encore. Car tu ne connais pas mes hommes et moi je les connais. Voilà des mois que je vis avec eux, des mois que je sais ce qui se glisse parmi les souffrances réelles de souffrances imaginaires ou complaisantes, de désirs de vengeance, de bassesse et d'amour du sang. Sitôt le signal de révolte donné, les frères livreront leurs frères, les jaloux tueront sur le seuil des maisons, les riches demeures seront livrées au pillage, on exécutera sans jugement et sans raison, et un fleuve de haine submergera Thèbes.

ÉTÉOCLE

Alors, pourquoi ne pas arrêter le fleuve ? Pourquoi ne pas m'aider à construire la digue ?

POLYNICE

Parce qu'il est trop tard, je te le dis. Parce que je parle au nom de l'instinct, et toi au nom de la raison, et que l'instinct, c'est bien ce cortège de femmes éventrées, d'enfants jetés dans les chaînes, de vieillards assommés dans leur lit, de saintes filles mêlées aux putains, qu'on nomme une révolution. J'ai eu besoin de tous ces assassins et de tous ces bandits, comme tu as eu besoin de policiers et de vendus. Tant pis pour les combattants honorables qui se trouvaient des deux côtés, au moment de la victoire on n'y regarde pas de si près.

ÉTÉOCLE

Alors, Thèbes est perdue.

POLYNICE

Il reste demain. Il reste le jour où le peuple qui en a assez du sang des exécutions en aura assez des représailles. Où il en aura assez de voir les prisons alternativement remplies par un flot toujours égal de citoyens innocents.

ÉTÉOCLE

Et c'est l'heure où tu te sépareras de tes alliés ? Où tu voudras la justice et la paix que tu dédaignes aujourd'hui ? Où tu te croiras assez fort pour apaiser, pour concilier ?

POLYNICE

Ce sera mon heure, Etéocle. L'heure où je réussirai ce que tu n'as pu réussir sous le soleil noir de la défaite.

ÉTÉOCLE

A mon tour de te dire trop tard, Polynice. Ils te tueront. Tes amis te tueront. Tes alliés te tueront. Tu as déchaîné les forces que rien ne remettra sous le fer.

POLYNICE

Je dois en courir le risque comme tu l'as couru.

ÉTÉOCLE

Alors, adieu, Polynice ?

POLYNICE

Adieu.

ÉTÉOCLE

Donne-moi ta main.

POLYNICE

La voici une dernière fois. Tout à l'heure, nous allons revêtir les armures de combat, et nous menacer, et lutter l'un contre l'autre jusqu'au sang. L'un de nous mourra. Peut-être tous les deux. Il le faut. Nos peuples assemblés nous regarderont comme l'image la plus prodigieuse de la haine, dressés éternellement l'un contre l'autre, bras fraternels armés comme dès le berceau. Ils ne sauront pas la vérité.

ÉTÉOCLE

Les siècles ne sauront pas la vérité. Les siècles ne sauront pas que nous nous aimions. Que nous étions pareils, et pareillement acharnés à sauver la terre paternelle, mais obligés de prendre l'un contre l'autre ce masque de colère et d'injustice. Ils croiront que nous nous sommes haïs, que nous nous sommes méprisés, alors que notre cœur n'était plein que d'un immense amour et de la plus totale compréhension. Adieu, Polynice. Avant de te faire du mal, avant — je le jure — de tout mettre en œuvre pour t'abattre et t'arracher la vie, laisse-moi t'embrasser, ô mon frère que j'aime.

POLYNICE

Adieu, Etéocle, adieu, ô mon double, adieu, ô moi-même ennemi.

TIRÉSIAS

Il n'aurait pas été bon de les voir s'entendre. C'est moi qui dois faire les compromis et les traités de réconciliation, et il n'est pas souhaitable que les combattants se mêlent de ces besognes. Où irait-on si on laissait les guerriers, du fond de leurs tranchées ou devant leurs tentes, s'apercevoir soudain qu'ils sont pareils ? Non, tout est dans l'ordre ainsi, et on peut me laisser le soin d'établir pour l'histoire qu'Etéocle et Polynice se détestaient depuis le berceau, donnant aux hommes l'image d'une haine abominable et contre nature. Ils vont s'entre-tuer, cela n'est pas douteux. Je ne pense pas que cela vaille plus mal pour Thèbes. La nation a eu son compte d'héroïsme, il est bon qu'elle se repose. On fera de belles funérailles à l'un, on jettera le corps de l'autre aux orties et aux chiens, selon le parti vainqueur. Je serai toujours là pour régler les obsèques, c'est ma spécialité. Et nous reprendrons le cours d'une existence nationale sans périls, comme il convient aux subtils desseins que je représente, et aux intérêts de la branche cadette. Il faut enterrer à tout jamais ce néfaste besoin de grandeur. Nous ne devons plus en entendre parler. De ce côté-là, je suis tranquille avec le peuple, qui en a par-dessus la tête de toutes ces histoires. Je me méfie seulement — il faudra y veiller — de cette petite Antigone.

R. B.
Noisy-le-Sec - Fresnes
Octobre 1944.

Jean Anouilh

« *Je suis revenu vieux* »

Ces quelques lignes ne sont qu'un salut fraternel à une ombre, car, au delà des formalités du succès et de la mort, des âmes, que les hasards de la vie n'avaient point rapprochées et que leur pente naturelle — si les rencontres s'étaient faites — aurait sans doute éloignées l'une de l'autre, se retrouvent, mystérieusement.

Le jeune homme bonheur qui voulait danser, le jeune homme honneur qui voulut passer, des vers de Péguy, ont certainement hanté Brasillach dans sa prison de Fresnes. Il était le jeune homme honneur et le jeune homme bonheur réconciliés. Ses révoltes, en son temps, n'ont point été les miennes, ni ses acceptations et, malgré la drôlerie que Paris a bien voulu trouver à mes ricanements, j'étais plutôt, par ma vision des choses, le jeune homme malheur.

Et pourtant, en y réfléchissant depuis, rassis, sceptique, navré (au sens fort du terme) et étrangement allégé par l'âge, je me suis aperçu que le jeune homme que j'ai été et le jeune homme Brasillach sont morts le même jour et — toutes proportions gardées — de la même chose.

Tout cela est loin — et tout près. Le jeune homme Anouilh que j'étais resté, jusqu'en 1945, est parti un matin, mal assuré (il y avait de quoi en ces temps d'imposture) mais du pied gauche, pour aller recueillir les signatures de ses confrères pour Brasillach. Il a fait du porte à porte pendant huit jours et il est revenu vieux chez lui — comme dans un conte de Grimm.

La liste inutile (on aurait eu autant de chances en la déposant aux pieds d'une statue de Bouddha du Musée Guimet) portait, je crois me souvenir, cinquante et une signatures célèbres. Je m'honore d'en avoir décroché sept, sur une douzaine de visites. J'aurais donc fait, on me l'a assuré, un assez bon représentant en clémence — article difficile à placer entre tous, on le constate encore de nos jours, à des gens en proie à l'indifférence et à la frousse, ces deux maladies des guerres civiles. Je suis pourtant revenu vieux — si vieux que je n'ai même plus envie de dire à cause de qui, et pourquoi.

J'ai lu peu après, sur des feuillets mal dactylographiés qui circulaient à Paris, *les Poèmes de Fresnes*. C'est le miracle de la mort, de l'acceptation humble et de la foi : Brasillach, lui, était resté jeune homme.

Ce n'est pas la mort qui tue et souille, malgré le sang qui coule et la boue d'hiver où l'on tombe. Quand la salve inutile éclate, l'homme qui a signé la sentence s'écroule, commençant sa putréfaction et promenant son cadavre glorieux et bruyant — pour un temps ridiculement court. Le petit garçon qui regardait la mort en face reste debout et intact — éternellement.

C'est la vie qui l'aurait sans doute tué comme les autres. L'homme à la sentence, croyant le supprimer, l'a préservé. Quels que soient les mots dont il se grise, Créon joue toujours perdant.

Brasillach et le théâtre

Je crois bien que Brasillach était mon aîné, de peu. Sa mort dans ses trente ans en a fait mon cadet maintenant, puisque j'ai vécu. Et c'est comme un homme déjà revenu de ces jeux que je relisais ces jours-ci son théâtre.

S'il donnait ses deux pièces aujourd'hui, écrites différemment — puisque l'ombre légère de Giraudoux ne pèse plus, de son poids ailé, sur la jeune génération —, on serait certes en droit d'attendre beaucoup de lui. Tant d'intelligence paie toujours à la longue — mais mal. Je ne crois pas, pour être franc, que Brasillach était une vraie « bête de théâtre », comme on dit assez niaisement. Il y a des bêtes de théâtre de génie, il y a des bêtes de théâtre de talent, il y a des bêtes de théâtre bêtes, tout simplement, mais toutes ont ce trait comcun, de Shakespeare au dernier vaudevilliste : elles font partie de la ménagerie.

Brasillach *adorait* et *comprenait* mieux que personne le théâtre. Pitoëff, qui était l'homme qui s'y entendait le mieux de son temps, et plus tard Ludmilla m'avaient parlé de lui — sans que les hasards des coulisses me l'aient fait rencontrer à l'époque — avec une estime affectueuse et amusée. Ils m'avaient dit son instinct et son intelligence étonnants de la chose théâtrale. Mais (je me permets d'écrire cela, sachant qu'il aurait vomi d'horreur s'il avait pu penser que sa mort et son courage aient pu lui valoir quelque complaisance littéraire) comme la *Jeanne* de Péguy, comme l'*Abbesse de Jouarre* de Renan, *Bérénice* et même *Domrémy* (où pourtant une ombre secrète qui plane sur Hauviette me bouleverse) resteront toujours, pour moi, des exercices littéraires, d'esprits extrêmement brillants, capables de faire leur la forme théâtrale, mais *de leur table de travail* — le vrai domaine réservé de leur génie restant ailleurs.

C'est dans ses romans, dans ses chroniques, dans ses étonnantes traductions du grec, et surtout dans ses vers humbles comme des fleurs des champs des *Poèmes de Fresnes*, que j'entends battre la vraie âme de Brasillach.

Son doux amour des siens, des refuges de l'enfance et de toutes les petites clartés de la vie qu'il savait mettre à leur vraie place — la première —, tout cela arraché simplement et sans un cri de haine — *et offert* — comme le bouquet d'un jeune mendiant fier, un soir d'hiver, à des vieillards couverts de décorations et de défroques qui quittent leurs voitures officielles et montent le péristyle du théâtre sans lui jeter un regard.

Cet enfant nu d'un matin de février (car je crois qu'il était resté un enfant, c'est pour cela qu'il n'a pas haï, qu'il leur a tendu la main et qu'il a crié : Vive la France !) les bras chargés de ses dons éclatants, rouges et dorés comme des livres de prix — cet enfant nu a pris sa place à jamais parmi les premiers écrivains de langue française.

Villon et Rimbaud, les voyous, sont sans doute plus grands que le jeune homme honneur ; Verlaine, le vieil ivrogne, pissant son absinthe et ses poèmes au coin des bornes nocturnes aussi, et même Apollinaire foudroyé comme lui — mais par une balle allemande — avaient des charmes plus savants et plus rares, et pourtant ce tout petit livre, plus *vrai* que leurs jeux géniaux, le place, à peine en retrait, à côté d'eux.

Tout, quand vous le voulez, Seigneur, est possible
L'enfant Espérance a joint les deux mains.

Vingt ans sont passés. L'œuvre de Brasillach respire et vit. L'homme à la sentence a dit non, et l'enfant Espérance a tout de même été exaucée.

J. A.
Octobre 1963.

François Crouzet

« Anthologie de la poésie grecque »

On le croyait dans la mêlée, sous les murs de la ville.
Il était au temple, avec les dieux et les déesses, il se
livrait aux enchantements de la mer, de la jeunesse et
du plaisir.

Sous les initiales R.B. qui terminent les cinq ou six
pages d'introduction il y a deux dates : novembre 1943 -
juillet 1944. Bataille pour Kiev, conférence de Téhéran,
Cassino, combats des Glières et du Vercors, conférence
de Brazzaville, débarquement en Normandie, Oradour,
attentat contre Hitler...

L'éditorialiste de *Je suis partout* traduit les poètes
grecs. Et ce livre, le dernier, ce livre si loin des tem-
pêtes — *Suave mari magno...* — ce livre léger et profond à l'image de tous ceux qu'il a écrits, respire le
détachement, la liberté de l'esprit et du cœur : l'espèce
de paix souveraine d'un homme qui a fait son plein de
beautés, qui a soldé ses comptes, achevé son sillon,
chanté son chant ; ce chant-là qui ressemble tant aux
adieux d'Antigone :

Voyez-moi, habitants de ma terre natale,
Parcourir ma route dernière.
Voyez-moi contempler pour la dernière fois
Et le soleil et sa lumière :
Je ne le verrai jamais plus.

L'Anthologie de la poésie grecque : le spectre solaire, les sept couleurs de l'arc-en-ciel, le livre des éblouissements. Il y scintille une âme et une flamme hautes, une curiosité et une facilité inépuisables, un appétit merveilleux de savoirs et de fêtes. On cligne des yeux face aux courtes notices, désinvoltes ou ferventes, qui brillent devant chaque nom, les plus fameux, les moins connus : Homère, « le Père », mais aussi « Les Mille et une Nuits racontées sur le Vieux-Port » ; Sapho à « la voix rauque et douce » ; Pindare « prodigieusement ennuyeux » ; Théocrite « amoureux des jeunes corps et des jeunes printemps, et chargé de toute la merveilleuse sensualité de la vie » ; et ce Paul le Silentaire qui clôt le recueil : « Il porte le plus beau des noms de poètes... Il a aimé la volupté, les femmes, le mystère et le plaisir des cœurs mélancoliques. »

Livre rayonnant, où passent des cortèges de cavaliers, des danses de jeunes filles, des rondes d'enfants, des cris d'amants et le sourire innombrable des mers violettes.

Livre désespérant, car partout, ombre de ce soleil, noir de cette lumière, partout la mort.

Avec la mer, et les jeunes filles, et les chevaux, « nul peuple n'a plus constamment et plus uniment chanté la mort », écrivait Brasillach. Ecrivant l'histoire de sa poésie, se jetait-il, croyant peut-être le fuir, au-devant de son propre destin ?

Il ne le fuyait pas tant qu'il y paraît cependant. Le présent de la cité n'est pas si loin sous les mots d'autrefois, et le Brasillach des combats n'a pas jeté l'épée. Il est celui qui sourit au bord de l'abîme avec une espèce de gaminerie et de gouaille quand il dit de Pindare : « Béotien, il vécut en Grèce, et se fit mal voir parce qu'il était partisan de la collaboration avec les Perses pendant les guerres médiques. » A beaucoup d'autres pages, et sans canular aucun, il se montre l'homme qu'il n'a pas cessé d'être. Celui qui n'aime pas

les planqués et les académiciens, genre Callinos ou Tyr-
tée, qui envoient lyriquement les jeunes gens mourir au
front. Celui que fait jubiler la violence d'Aristophane-
Léon Daudet contre les démagogues et les incendiaires.
Celui qui n'oubliera jamais le grand chant funèbre
d'Eschyle, parce que « *Les Perses* sont éternellement
la tragédie de toute défaite et qu'il parle de la guerre de
Troie et de ses combattants comme d'une guerre d'aujourd'hui ». Celui qu'a bouleversé pour toujours Sopho-
cle et « l'incomparable chœur d'*Ajax* où nous croyons
entendre le « deuxième classe » de Salamine... l'éternel
deuxième classe de Salamine ou de Verdun ».

Brasillach, un de ces hommes qui détestent les guerres, et même celles qu'ils font.

Son *Anthologie* serre le cœur parce qu'elle est aussi
le dernier regard sur le monde d'un homme qui va
mourir, un salut, et un hymne à la vie, maître-mot de
ce livre-testament. Il écrit : « Les poètes grecs ont tout
accepté de la vie... j'aurais voulu dans ces traductions en
noir et blanc d'une féérie dont le premier mérite est
pourtant la couleur, avoir laissé passer au moins le mouvement, la grâce et la vie. »

Quelques semaines, quelques jours encore, et ce sera
Fresnes — « Et la haine fidèle ameutée au passage » —
Fresnes, d'autres et mêmes poèmes, et puis ce

... prisonnier sans nom et sans visage
Qu'on tire au matin froid d'un mensonge de sang

La vie a été belle et bonne, et noble, quoi qu'en
disent la canaille et les sots.

Mais les poètes dérangent l'ordinaire de la vie, le
train du monde. Ils s'appellent Chénier, Lorca, ou Brasillach. Ils sont toujours voués à la guillotine ou au
poteau par les barbouilleurs de lois ou les crétins fanatiques, avec ou sans uniforme.

Jean Lahor, un Parnassien de grande classe, et
méconnu comme il se doit, a écrit :

Et le monde allait donc finir
Avec mes yeux, miroir du monde.

Peu avant de voir en face, la gueule noire de douze fusils, Robert Brasillach a eu cette phrase d'adieu, ces mots sereins et fiers qui en font à jamais un voyageur sans bagage et comblé : « Aux heures où tant de biens sont menacés comme ils pouvaient l'être à la fin du monde antique, il n'est pas mauvais, peut-être, de dénombrer quelques-uns de ces biens, fût-ce pour en emporter le regret. »

F. C.

Jean-Marc Varaut

La mort en face,
le procès et l'exécution
de Robert Brasillach

Peut-on parler de ce que fut le rôle de Robert Brasillach de 1941 à 1943 comme rédacteur en chef de *Je suis partout* sans tristesse ? Mais comment commenter sans colère la parodie de justice dont il fut la victime expiatoire quand tant d'autres, Céline d'abord [1], qui se sont éloignés à temps, auront pu s'épargner les vengeances sentencieuses pour revenir, le moment venu, et retrouver le succès et pour quelques-uns les honneurs ? Ce qui toujours suscitera le mépris des jeunes gens qui découvrent Robert Brasillach en lisant les *Poèmes de Fresnes* [2], doux et fraternel murmure inspiré par l'approche de la mort, que la mort interrompt, c'est la haine imbécile de ceux qui le poursuivirent, le jugèrent et le condamnèrent, et leur estime pour la dignité avec laquelle il a joué son rôle dans la comédie judiciaire. « Le dernier mot de la morale reste l'allure », écrira-t-il alors en contrôlant son émotion ; car il n'est pas facile de voir la mort en face à trente-cinq ans.

Poète de la politique redescendu sur une terre encore en proie aux flammes il ne voulut pas fuir les consé-

---

1. Maurice Bardèche, *Louis-Ferdinand Céline*, La Table Ronde. 1986.
2. Robert Brasillach, *Les Poèmes de Fresnes*, Les Sept couleurs.

quences de ses écrits, abandonner ceux qu'il avait pu entraîner [3]. « L'essentiel est de bien se tenir. » Il n'achètera pas l'indulgence au profit d'un renoncement. « Pour le moment je ne puis être que pour la fidélité même à ce à quoi je ne crois plus. » Service inutile. Leçon de hauteur.

***

... Nous l'avons vu vers les édits des hommes,
Par ce matin d'automne pourrissant
Nous l'avons vu, pareil à qui nous sommes,
Marcher tranquille et même un peu riant.

Nous l'avons vu dans cette aube suintante,
Nous l'avons vu parmi les au revoir,
Et nous avons commencé notre attente.
Le verrons-nous lorsque viendra le soir ?

C'est à propos du jugement d'un de ses compagnons de Fresnes que Robert Brasillach écrit ce poème, *Un Camarade*. Un jour, comme lui, il ne reviendra pas dans sa cellule, il sera enchaîné dans un quartier spécial, la division des condamnés à mort pour attendre l'aube du 6 février 1945 où il regardera la mort en face. *La Mort en face*, c'est le titre des quelques lignes écrites après le rejet de son pourvoi en cassation et remises à son avocat, Jacques Isorni, ce matin, pour ne pas laisser à ceux qui l'aimaient « une image indigne ». Il remit aussi une note à Jacques Isorni qui la lut après avoir rédigé à onze heures un procès-verbal de l'exécution à Montrouge qui appartient à l'histoire [4], et qui associe son nom au sien.

---

3. Lettre du 4 janvier 1945 à Jacques Isorni, in *Mémoires*, tome I, 1984, Albin Michel, p. 300.
4. Jacques Isorni, *Le Procès de Robert Brasillach*, Flammarion, 1946.

Le 16 février 1945.
« Mon cher Jacques,
« Je regrette, parce que nous aurions pu être amis. Nous l'avons été, d'ailleurs, mais peu de temps et dans des circonstances bien étranges. Tant pis, puisque cela n'a pas été possible. Vous avez été pour moi l'appui le plus admirable. Le talent, l'intelligence, l'adresse, vous avez tout mis en cause, mais surtout, et ce qui est plus précieux, le cœur. Je vous en remercie profondément. Je ne crois pas que rien de tout cela, tant d'efforts et tant d'amitié puissent être à jamais perdus.
« Je vous embrasse.

Robert. »

La condamnation à mort était loin d'être inéluctable bien que Robert Brasillach n'en ait, semble-t-il, jamais douté. Elle fut épargnée à Benoist-Méchin, Henri Béraud, Maurice Bardèche, Lucien Rebatet, Charles Maurras ; s'il avait pu ou voulu attendre il eût sans doute retrouvé Jérôme Carcopino, Sacha Guitry, Jacques Chevalier et tant d'autres après l'épreuve de Fresnes, ou de Clairvaux. Robert Brasillach n'avait pas voulu, comme Drieu La Rochelle qui choisit de s'évader dans le suicide, suivre la presse collaborationniste à Baden-Baden ; il avait trouvé refuge chez une amie rue de Tournon. Mais le 7 août 1944 il apprend que sa mère a été arrêtée à Sens ; elle a été emprisonnée à sa place ; elle est une otage en ce temps des otages ; Robert se constitue prisonnier pour qu'elle fut libérée ; elle le fut.

Emprisonné à Fresnes après Drancy, il ne sera interrogé que le 27 octobre. Mais le dossier sera communiqué par le juge d'instruction Raoult avec une rapidité anormale en ces temps anormaux pour permettre au Procureur général de le renvoyer sans attendre devant une Cour de Justice. Attendre c'était alors le plus souvent sauver sa vie. Un petit papier, sans indication d'origine, sur le dossier portait le mot « urgent ». Urgent de quoi !

Robert Brasillach aurait donc dû être jugé dès le mois de décembre 1944. Mais le Procureur général, André Boissarie, avocat devenu accusateur en 1944, rival heureux de Fouquet Tinville, rencontra alors une difficulté imprévue. Il exigeait que l'avocat général qui accepterait de requérir demande la peine capitale ; les membres de son Parquet étaient libres de refuser la charge ; ils ne l'étaient pas de ne pas requérir la mort ; se souvenant de la maxime du Parquet — « la plume est serve mais la parole est libre » —, mais ne voulant pas s'opposer publiquement à leur Procureur général, les magistrats sollicités, et même l'avocat invité à entrer pour ce faire dans la magistrature se récusèrent, jusqu'à ce que Marcel Reboul, le propre voisin de palier de Jacques Isorni, accepte la charge et la mission, avec la conscience, affirmera-t-il, de faire son devoir. « Dieu nous jugera », dira-t-il à Brasillach devant le peloton d'exécution mobilisé par ses réquisitions. Le procès fut fixé au 19 janvier devant la Cour de Justice présidée par le conseiller Vidal. Raoult, Boissarie, Reboul, Vidal, ces magistrats d'exception appartiennent à la mémoire de ces temps de justice exceptée.

***

La sœur de Robert Brasillach, épouse de Maurice Bardèche, ses amis, Jacques Isorni, pensent alors pouvoir opposer à la haine la solidarité de ses pairs dans les lettres. La déception fut grande. Colette, dont il avait contribué à faire libérer le mari, Maurice Goudeket, se déroba ; Claude Roy qui avait été son ami, qui avait collaboré avec lui, et qui lui devait beaucoup s'était spontanément proposé comme témoin, puis sur l'intervention de ses « amis », c'est-à-dire ses compagnons de route du Parti communiste, il se déroba et voulut plus tard justifier sa lâcheté par l'assassinat par les Allemands du père de sa femme... Il se déroba encore après la condamnation en faisant retirer la signature qu'il avait donnée à Thierry Maulnier au bas de la demande de grâce signée par les plus grands noms d'alors de la littérature française. Paul Claudel voulut bien reconnaître que son talent faisait honneur à son pays, sans plus ; Paul Valéry que ce qu'il avait pu écrire, il ne l'avait pas écrit par calcul. Seul, avec Marcel Aymé, François Mauriac se porta en avant :

« Si la Cour estime qu'il a été en politique un disciple passionné, aveugle, que très jeune il a été pris dans un système d'idées, dans une logique implacable, elle attribuera peut-être quelque prix à ce témoignage d'un homme, d'un écrivain que Brasillach a longtemps traité en ennemi, et qui pense pourtant que ce serait une perte pour les lettres françaises si ce brillant esprit s'éteignait à jamais. »

Le 19 janvier à treize heures, Robert Brasillach pénétrait dans la salle de la Cour d'assises où siégeait la Cour de Justice. Les photos prises à l'audience nous le montrent, tête ronde, le regard dissimulé derrière ses lunettes, pâle, attentif ; en noir et blanc elles ne nous montrent pas son cache-col de lainage rouge qu'il portait encore le jour de son exécution. A dix-huit heures la Cour de Justice l'avait condamné à mort. Alors que ses juges se retirent pour délibérer, il aura prononcé ces derniers mots qui sont son testament public, l'expression de tiers-ordre de la fraternité qui est comme le chant profond de son œuvre :

« Sans doute, la Cour me demande si je regrette ce que j'ai écrit. Si je répondais que je regrette ce que j'ai écrit, vous penseriez tous que c'est pour sauver ma peau et vous me mépriseriez à bon droit. Je vous dirais donc que j'ai pu me tromper sur les circonstances, sur des faits ou sur des personnes, mais je n'ai rien à regretter de l'intention qui m'a fait agir.

« Je sais qu'à l'heure qu'il est, un certain nombre de Français et surtout un certain nombre de jeunes gens dans tous les camps, dans tous les clans, pensent à moi. Il y en a qui sont prisonniers en Allemagne, il y en a qui, demain, partiront mobilisés, il y en a qui sont déjà sur le front de Lorraine, je pense à un ou deux, je pense aussi à ceux qui sont morts. Et je sais que tous ces jeunes gens savent que je ne leur ai jamais appris autre chose que l'amour de la vie, que la confiance devant la vie, que l'amour de mon propre pays, et cela, je le sais tellement que je ne puis rien regretter de ce qui a été moi-même. »

Jacques Isorni avait dit tout ce qu'il est possible à un avocat de dire pour essayer de sauver son client sans renier celui qui allait dire : « *Je ne puis rien regretter de ce qui a été moi-même.* »
Un cri jaillit du public après la condamnation :
— C'est une honte !
Qui appela cette réplique du condamné :
— C'est un honneur.
Il se retrouve le lendemain dans le quartier de haute surveillance des condamnés à mort, vêtu de bure marron, de lourdes chaînes aux pieds avec lesquelles il dormira seize jours enchaîné.

> *Je n'ai jamais eu de bijoux,*
> *ni bagues, ni chaînes au poignet.*
> *Ce sont choses mal vues chez nous :*
> *Mais on m'a mis la chaîne aux pieds.*

C'est un journaliste que la Cour de Justice a condamné à mort. C'est un poète qui allait s'effondrer le long du poteau des fusillés, frère d'André Chénier auquel il consacre sa dernière étude critique après l'avoir évoqué dans son testament poétique :

Debout sur le lourd tombereau
A travers Paris surchauffé,
Au front la pâleur des cachots,
Au cœur le dernier chant d'Orphée,
Tu t'en allais vers l'échafaud,
ô mon frère au col dégrafé.

Un siècle et demi a passé, il fait froid, mais la foule est la même qui demande toujours que l'on tue :

Au revers de quelques remparts,
Au fond des faubourgs de nos villes,
Près des murs dressés quelque part,
Les fusils des gardes mobiles
Abattent au jeu du hasard
Nos frères des guerres civiles.

⁂

L'attitude de Brasillach devant ses juges souleva une émotion profonde, même chez ses adversaires. François Mauriac et Thierry Maulnier, son ami et ancien condisciple de l'Ecole Normale Supérieure, entreprirent de faire signer une pétition au soutien d'un recours en grâce :

« Les soussignés, se rappelant que le lieutenant Brasillach, père de Robert Brasillach, est mort pour la patrie le 13 novembre 1914, demandent respectueusement au général de Gaulle, chef du gouvernement, de considérer avec faveur le recours en grâce que lui adressait Robert Brasillach, condamné à mort le 19 janvier 1945. »

Mauriac et Valéry entreprirent sans difficulté de recueillir des signatures à l'Académie française. Claude Farrère s'engagea avec émotion et d'une manière un peu folle : « Etre Malesherbes quand tant de fous veulent être Fouquet Tinville, c'est un sort que j'envie ». On ne lui en demandait pas tant. Paul Claudel, sollicité pour savoir si on pouvait faire état de son nom, adressait un télégramme impérieux : « Vous pouvez. » Jean Cocteau obligeait Colette, sa voisine, à signer. Georges Duhamel et Emile Henriot signaient à leur tour. Albert Camus, Gustave Cohen, Jean Anouilh, Jean Eiffel, Honneger voisinent dans la pétition avec le duc de Broglie, le duc de La Force, les Tharaud, Jacques Ruef et Jean-Louis Barrault. Brasillach fut très ému par cette démarche où il ne voulut voir que le courage, la noblesse, l'amitié en relevant que ceux qu'il avait jugés le plus sévèrement avaient été avec lui les plus généreux. Il ne voulut pas voir ceux qui comme Claude Roy avaient sacrifié à ce qu'André Chénier nommait « les autels de la peur » :

« Ils me permettront de joindre dans ma reconnaissance à leur liste éclatante, celle des innombrables jeunes gens, de toutes opinions, étudiants en particulier, qui m'ont fait signe, qui ont écrit pour moi, parce qu'ils savent que je ne les ai jamais engagés aux aventures où notre patrie aurait risqué son jeune sang et qu'à l'heure du danger j'ai voulu rester parmi eux.

« Même si ce que j'ai pu penser, en des circonstances dramatiques pour notre pays, les choquait, je leur affirme à tous que les erreurs que j'ai pu commettre ne proviennent à aucun degré de l'intention de nuire à ma patrie et que je n'ai jamais cessé, bien ou mal, de l'aimer. En tout cas, au-delà de toutes les divergences et de toutes les barricades, les intellectuels français ont fait à mon égard le geste qui pouvait le plus m'honorer.

« Fresnes, le 3 février 1945.

Robert Brasillach. »

Le même jour il est au Jardin des Oliviers. Il mène vers le Golgotha son amour passionné de la vie. Maintenant qu'il a été fidèle, et insolent, il se tourne vers l'éternité ; il prie en vers :

La nuit est longue, la nuit dure,

*
* *

Si longue soit-elle et si dure,
En souvenir de l'agonie,
Seigneur, et de ta nuit obscure,
Sauve-moi de Gethsémani !

Et le même jour il termine son essai sur André Chénier auquel le rapproche chaque jour davantage la proximité de leurs destins, leur âge, leur situation politique,
et la durée même de leur détention :

« ... André Chénier apparut comme un remords qu'il
fallait calmer par beaucoup d'admiration et beaucoup de
couronnes, les admirations allaient au poète, on le sait,
et laissaient de côté le prosateur politique un peu embar-
rassant. Mais elles s'exprimaient et c'était beaucoup, elles
auréolaient de légende le poète assassiné ; elles dressaient dans l'éternel ce qui, sans la mort, n'eut peut-
être été qu'éphémère ; cela ne veut pas dire qu'il n'eut
pas mieux valu et que lui-même n'eut pas souhaité le
bien qu'il aimait par-dessus tout, en héritier véritable
de la Grèce : la vie. Je partage son opinion. »

C'est aussi le 3 février, tard dans la nuit, que le
général de Gaulle, le chef du gouvernement, reçut Jacques Isorni pour soutenir selon l'usage son recours en
grâce. Jacques Isorni a raconté comment il parla sans
être interrompu, sans être non plus questionné, par un
auditeur impassible dont il ne rencontra jamais le regard.
Il lui fallut une grande volonté pour aller jusqu'au bout.
François Mauriac lui dira : « Je connais le Général, il
n'y a plus rien à faire. » Une explication a été donnée du
refus de la grâce que tous sollicitaient : à Louis Vallon,
mais plus tard aussi à Louis Jouvet, le général de Gaulle
aurait fait état de l'existence dans le dossier d'un docu-

ment qui à lui seul condamnait Brasillach irrémédiable-
ment à ses yeux : une photographie. Une photographie
représentant Brasillach en uniforme de L.V.F., c'est-à-
dire en officier allemand. Cette photographie n'a jamais
existé, puisque Brasillach n'a jamais porté l'uniforme
allemand. La seule explication serait que l'on ait mis
dans le dossier, devant les jurés de la Cour de Justice
peut-être, devant le général de Gaulle sans doute, une
photo de Doriot en uniforme allemand, et que les uns et
les autres aient cru, ou aient voulu croire à ce subter-
fuge. Mais Doriot différait trop physiquement de Robert
Brasillach pour que cette explication soit tout à fait
crédible. Nous ne saurons jamais s'il existe une explication ou une excuse pour la mort de Robert Brasillach.

Le 4 février, Robert Brasillach écrit :

Compagnon de Drieu, Lazare mon frère,
Viendrez-vous demain, viendrez-vous ce soir,
O vous né deux fois aux joies de la terre,
Patron à jamais des derniers espoirs ?

Le 5, Jacques Isorni, averti par le directeur des
Affaires criminelles, se rend à Fresnes. Robert Brasillach comprend que l'exécution est pour demain et lui
remet des lettres pour sa famille, et il écrit :

Les derniers coups de feu continuent de briller
Dans le jour indistinct où sont tombés les nôtres.
Sur onze ans de retard, serai-je donc des vôtres ?
Je pense à vous ce soir, ô morts de Février.

Le lendemain, au Fort de Montrouge, très calme, très
à l'aise, sans le moindre tressaillement, Robert Brasillach
lié au poteau, très droit, la tête levée et fier, sera déchiré
de balles après avoir crié au peloton : « courage » et les
yeux levés : « Vive la France ».

« Par les fusils levés à l'épaule des frères. »

                                              J.-M. V.

Alain Griotteray

Robert Brasillach : l'intelligence avec l'ennemi *

Deux citations, extraites du remarquable travail de Pascal Louvrier sur Robert Brasillach [1] borneront mon propos. La première est de Stendhal, lorsqu'il fait dire à Mathilde de la Mole : « Je ne vois que la condamnation à mort qui distingue un homme. C'est la seule chose qui ne s'achète pas. » La seconde est de Marlowe : « Je consens que mon frère soit mort ; c'est la loi commune. Ce qui me révolte c'est l'arrogance de ses assassins. »

Dans l'engrenage des événements de la Libération il ne fait point de doute que Robert Brasillach a choisi de mourir, au moins autant que Drieu, et que ceux qui armèrent le peloton rencontraient, au fond, son vœu. Tout homme qui met sa propre mort au bout de ses idées mérite par définition le respect, quelles que soient les idées en cause. Cependant, au-delà de la mort de Robert Brasillach il y a, évidemment, à juger ceux qui jugèrent et, plus largement, ceux qui s'adjugèrent à la Libération le droit de parler, d'écrire l'Histoire, sans

---

* Rappelons la publication aux éditions Robert Laffont (1985) du livre de Alain Griotteray : *La Droite était au rendez-vous. Qui furent les premiers résistants.*
  1. Pascal Louvrier : *L'Engagement politique de Robert Brasillach.* Thèse non publiée. Paris-Sorbonne, 1986.

que leur conduite justifie leurs sinistres rescrits. S'il s'agit de dire que le procès de Robert Brasillach fut une parodie, qui n'en serait d'accord ?

Pour le reste, et à dire vrai, tout m'oppose à Robert Brasillach.

J'ai passé une part importante de ma vie à me demander pourquoi tant de jeunes gens formés dans le sentiment national, à l'école de Maurras, n'avaient pas rejoint, sinon de Gaulle, du moins la Résistance, en vertu de ce sentiment instinctif qui fait que, tout simplement, on ne pose pas son fusil tant que l'ennemi est chez vous [2].

Que d'anciens socialistes ou d'anciens communistes, Déat, Doriot, Bergery, tant d'autres, aient repris à leur compte l'aventure du nazisme ne constitue en rien une énigme. Ce vague sentiment d'internationalisme, le maniement de concepts très proches — la critique du capitalisme et de la démocratie représentative, l'idéal millénariste du dépassement des contingences, le souvenir d'un hypothétique âge d'or à retrouver — rendaient ces doctrines gemellaires et permettaient tous les passages de l'une à l'autre. S'il y a énigme c'est que le lien soit si rarement établi entre le socialisme et le fascisme et que, lorsqu'il l'est, cela donne l'impression d'enfreindre un tabou d'une force exceptionnelle.

En revanche, il y a toujours quelque chose de mystérieux, et qui suscite un irrépressible sentiment de gâchis à l'idée que la conception de « la France seule » ait pu en conduire certains à porter l'uniforme allemand. Je n'entre pas ici dans la querelle, assez vaine, de savoir si ce fut le cas de Robert Brasillach. Le climat intellectuel de la collaboration parisienne est un ensemble.

Dans le cas de Robert Brasillach, comme pour beaucoup d'autres, il y a l'idée que le fascisme — au sens très large de ce terme — était le meilleur moyen de faire pièce à ce que l'on nommait alors le « bolchevisme ». Pour le croire il fallait, justement, ne pas voir la parenté entre les deux systèmes, dont l'inimitié s'expliquait par la proximité. Il fallait aussi être l'héritier de la critique si vive qui fut portée contre la IIIe République, ses institutions et sa société. Il y a une maladie française du « modèle étranger » dont l'un des innombrables défauts est d'affaiblir sa propre nation.

Quand j'étudie le parcours intellectuel, dans le domaine politique, de Robert Brasillach, je ne me déprends jamais d'un certain malaise. Certes, tout est pensé au nom d'un amour exigeant de la France. Mais cette volonté de la jeter dans les bras de l'ennemi — assimilé au sauveur — n'est-ce pas un amour un peu déviant ?

Lors du procès de Robert Brasillach beaucoup émirent l'hypothèse qu'il était condamné à mort au nom d'un « délit d'opinion ». Je revendique, pour lui, qu'il le fut pour « intelligence avec l'ennemi ». Non pas, naturellement, au sens convenu pour les espions mais, plus simplement, parce qu'il mit son intelligence au service de l'ennemi, en travestissant celui-ci en ami.

L'Allemagne, c'est beau, noble, généreux et plus encore, mais chez elle.

En fait, si je me reporte à l'époque, il me faut bien admettre que la mort de Robert Brasillach ne souleva guère en moi de commisération. Elle ne me fit aucune peine et j'aurais sans doute mal compris qu'il ne fut point condamné. Parmi les millions de morts de cette guerre, ce n'était qu'un de plus. Il faut restituer les perspectives. Nous étions en février 1945. Et je n'ai jamais très bien vu pourquoi l'appartenance à la caste des écrivains aurait dû protéger des aléas du mauvais choix quand tant d'autres, parce qu'ils étaient de simples lecteurs ayant eu la faiblesse de mettre en pratique ce qu'ils lisaient [3], avaient payé de leur vie leur engagement sur les champs de bataille.

L'époque était cruelle, certes. Le général de Gaulle, dans cette affaire, joua le rôle de Créon. C'est un rôle difficile, qui a toujours attiré davantage ma sympathie que celui d'Antigone. La mort de Robert Brasillach c'était non point la vengeance de d'Estienne d'Orves mais le retour à une égalité des risques entre l'Enseigne de Vaisseau et l'écrivain.

Vivre est un sport dangereux. Je crains qu'on ne juge la mort de Robert Brasillach en fonction de critères actuels où l'Occident, éperdu de sécurité et qui ne sait point quels masques inventer pour fuir la mort, estime que rien ne vaut une vie. Ce n'était pas le cas à cette époque, où beaucoup jouaient leur vie comme d'autres jouent au poker.

J'irai plus loin, au risque de choquer. Quel service eut-on rendu en épargnant Robert Brasillach ? Il fut devenu un mort vivant, banni de son pays, rejeté par l'Histoire. L'imagine-t-on survivre au désastre de ses idées ? Qu'eût été la vie de celui dont la publication du moindre écrit nouveau aurait suscité, en retour, la publication de ses éditoriaux dans *Je suis partout*. La génération des intellectuels compromis dans la collaboration, nous avons vu ce qu'elle devint après. Il y a ceux qui passèrent leur vie à donner des gages pour essayer de faire oublier ce qu'ils furent et ceux qui se murèrent dans leur rêve évanoui. Entre Alphonse de Chateaubriant et Céline, voit-on la place d'un Robert Brasillach ? Il vaut mieux n'y point penser. En refusant sa grâce, le général de Gaulle a probablement sauvé Robert Brasillach d'une grande torture : celle de se survivre à soi-même.

Pour le reste, ainsi que chacun le sait, Robert Brasillach fut un très grand écrivain, et il est toujours dommage de voir mourir un écrivain.

A. G.

François Crouzet

« *Ils ont fusillé Brasillach* »

Hiver 1945. Avoir quatorze ans à Sigmaringen.

Tourner autour de filles pleines de nattes et de taches de rousseur qui pouffent en se disant entre elles, la main devant la bouche, des tas de choses drôles qu'on ne comprend pas.

Le long du Danube — il ne fait que commencer, mais c'est déjà bien — elles croisent des garçons de leur pays qui n'ont guère plus de quatorze ou quinze ans, eux non plus. Ils se sourient. Aux uns il manque un bras au moins ; d'autres traînent sur des béquilles leur tronc privé d'une ou deux jambes : *Volksturm*.

Les forteresses volantes passent en escadre, très haut dans le ciel, bien qu'aucune chasse de la *Luftwaffe* ne soit plus là pour s'y opposer. De jour et de nuit elles vont tranquillement écraser Stuttgart, Munich et Nuremberg.

Il fait très beau. L'hiver a été dur, mais mars arrive. Il faut tenir.

Marcher pieds nus (plus de cuir, et puis ça endurcit la jeunesse) dans les rues de cette vieille petite ville princière du Würtemberg qui est une enclave de Prusse en principe, mais si peu : toute semblable (tortue, en bois, *gemüklich*, Apotheke, Weinstaub) à celles que traversait Stendhal, à celle où régnait le Jean-Théodore des *Pleiades* de Gobineau, à celle où Paul-Jean Toulet avait nommé Monsieur du Paur ministre plénipotentiaire.

Chercher les œufs — rares — et le schnaps — introuvable — chez le paysan rétif ou rigolard.

Saluer du bras tendu en se disant qu'ils sont fous ces Allemands quand on appartient à la Jeunesse hitlérienne, qu'on porte une casquette de livreur de chez Nicolas et qu'on s'apprête à partir pour Berlin, si ça dure encore un peu, afin de sauver le Saint-Empire qui ne va vraiment pas trop bien. Le matin on casse l'eau du broc (plus de chauffage, et puis ça endurcit la jeunesse) pour se laver, ou même se raser si la barbe pousse.

L'après-midi on a le choix : se lancer dans de longues glissades risquées sur les grandes patinoires que sont devenues les prairies basses qu'inonde le Danube ; ou aller emprunter des livres français (tous les Mémoires des maréchaux de Napoléon, tous les contes de Maupassant) dans la haute et claire bibliothèque du château : on y rencontre parfois Marcel Déat, qui ne dit rien, ou Abel Bonnard qui vous récite d'un trait, par cœur, et zéro faute, telle page du livre qu'il vous voit emporter et qui relate l'exécution de Ney. Cependant le bibliothécaire rouge à lunettes qui sait mal le français écrit dans son registre qu'il a emprunté *La Terre de Zola par Rougon et Macquart.*

Le soir on bridge. Curieux bridges où font équipe des préfets et des pamphlétaires, des chefs de cabinet qui n'ont plus de ministère, des permissionnaires de la Waffen SS, de jolies femmes plus ou moins légitimes, des émissaires de Doriot qui boude à Lindau, des amis de Laval évadés du château. On fait le mort pour s'exercer.

Le château domine tout. Enorme, incompréhensible, gothique, baroque, kitsch. Rempli d'armures, de canapés, de tapis rouges, de voûtes, d'ascenseurs, de cours secrètes et d'à-pic sur le Danube d'où il surgit. Le dimanche — on s'ennuie tant — tout le monde va à la messe au château. L'église de Sigmaringen c'est la chapelle du château. Les Hohenzollern-Sigmaringen — branche catholique qui a déjà causé des embêtements aux Français quand il a été question de leur donner le trône d'Espagne et que Napoléon III poussait les hauts cris — ne se fatiguaient pas : pour entendre l'office, ils poussaient une porte dans un couloir et ils étaient dans leur loge, en haut à gauche en regardant l'autel. En 45, le dimanche, quand on lève la tête, on aperçoit comme posée bien à plat sur le rebord de peluche rouge la tête noble et neigeuse d'un vieux monsieur grave et serein : le maréchal Pétain.

Les ministres fantomatiques de ce régime de spectres vivent au château. Le quartier général des autres, au pied du château, c'est le *Bähren*. Céline a préféré le *Löwen* mais tout le monde sait qu'il a toujours fait bande à part. Le *Bähren* c'est l'*Auberge du Cheval blanc* en vrai : colombages, poutres apparentes, tables noircies, chœurs de buveurs agitant leurs têtes et leurs torses en choquant leurs chopes.

Les Français qui sont là vivent comme en croisière, comme en vacances : comme si c'était le bonheur, comme si cela ne devait jamais finir. On se reçoit d'une chambre à l'autre, on prend le thé ou ce qui en tient lieu, on dit du mal de tout le monde, on flirte, et même beaucoup. On vit aussi comme à Coblence (ou comme sans doute on vivait à Londres, un peu plus tôt un peu plus tard). On croit, on feint de croire que rien n'est perdu, que les Ardennes ça réussira, que les armes secrètes, etc.

En général, comme à l'armée de Condé, personne ne peut voir les Allemands — qui le rendent bien. Tout le monde trouve — c'est un des rares points d'accord — qu'ils ne comprennent jamais rien ; surtout aux Français.

Société très française tous comptes faits. Divisée,

méchante, drôle, amère, cynique, sentimentale. Des cocus, des malins, des illuminés, des sincères, des purs, des canailles. Des femmes, belles, malheureuses, redoutables, des officiers, des intendants de police, de vieilles tireuses de cartes, des éminences très grises, des jeunes femmes, des ministres, des journalistes, des miliciens, des amiraux, des voyous, des crétins, des héros, des salauds. Peu ou pas d'hommes d'affaires : ils sont en train d'arranger les leurs, à Paris.

— « Nous ? On est les égouts de l'Histoire », a dit Céline à Lucette sa femme ou à Bébert son chat.

Le mot a fait rire. C'est Le Vigan — Goupi-Tonkin, toujours un pied dans un autre camp — qui l'a rapporté au *Bähren*. Il est bien signé Céline : l'Apocalypse en rigolant.

La nouvelle est tombée un soir comme un V 2 :

— « Ils ont fusillé Brasillach. »

Autour de la table il y avait de tout un peu — c'est ce qu'on appelle les affinités électives. De l'ancien du P.C. à l'ex de l'A.F., des esthètes mal partis, des ambitieux mal arrivés, une pianiste à fausses notes, un futur pensionnaire du Français, Paul Marion, Robert Le Vigan, Paul S.

Et Lucien Rebatet.

Il a monté l'escalier de bois en hurlant. De chagrin, de rage, d'horreur. Il a claqué la porte de sa chambre — elle était juste en face de l'escalier. Et toute la nuit, avant ce grand calme, plus terrible encore, où les vivants lâchent la main des morts, tout le *Bähren* l'a entendu sangloter.

Dans cette chambre-là, avant, on s'amusait. On lisait, on bavardait, on se prenait aux cheveux. Lucien faisait tremper dans son lavabo de grandes feuilles de tabac très vertes dont il assurait en se marrant que cela donnait quelque chose de très fumable. Il enguirlandait copieusement les jeunes crétins de ses amis qui ne comprenaient rien aux finesses de Tacite ou de Sénèque qu'il s'évertuait à leur enseigner, car lui il savait le latin, comme Brasillach, aussi bien que le cinéma, la musique, le Louvre ou la littérature. Il s'écrasait quand la terrible et indispensable et roumaine Véronique le rappelait à ses devoirs.

A Sigmaringen, au *Bähren*, avant mars 1945, personne ne savait rien. Ni des fortunes de guerre, ni de Dachau, ni des Cours de justice. On riait, comme dans tous les désastres, et que faire d'autre ; on faisait des mots, on jouait. On faisait même tourner les tables et nous sommes encore six ou sept peut-être à nous souvenir qu'un soir une de ces tables, ronde mais têtue, s'était obstinée à grimper l'escalier du *Bähren* et qu'il avait fallu toute la fureur stupéfaite et la véhémence de Lucien pour l'obliger à cesser de frapper à la porte et à redescendre.

Ce soir de mars 45 c'est le fantôme des quatre jeudis, des sept couleurs et de notre jeunesse qui cognait aux murs et aux portes.

Ce soir-là tout le monde a compris : pouce cassé, les guerres ne sont pas pour rire, et les guerres civiles moins encore.

Avoir eu quatorze ans à Sigmaringen en 1945 permet de voir clair. On saluera Brasillach, Laval et Bassompierre. Comme Brossolette, Péri ou d'Estienne d'Orves.

Mais s'engager comme eux, y croire ou faire semblant, mettre sa peau au bout de ses idées ?

Non merci.

Serviteur.

Ils ont assez donné.

F. C.

Pierre Pélissier

Plaisir à Brasillach[1]

L'hiver 1957. Froid comme tous les hivers, mais parfois glacial pour l'esprit.

L'hiver 1957, c'est celui de la création, en France, de la *Reine de Césarée*. Et de son cortège d'intolérance, de provocations et de violences. Presque un révélateur, pour ceux qui, à l'époque, découvraient Brasillach.

De l'autre côté de la Méditerranée, dans les djebels enneigés, semblables à ceux qu'avait parcouru un demi-siècle plus tôt le lieutenant Brasillach, une génération découvrait le fracas des armes. Les premières radios à piles tissaient un lien fragile avec la métropole ; les journaux, avec le temps, finissaient bien par arriver, quotidiens déjà périmés et revues littéraires que l'écume des jours n'abîmait point. De la lecture pour les longues soirées, à la lueur pâle des lampes à pétrole. Et puis Nimier toujours, Déon déjà et Fraigneau que l'on redécouvrait.

L'escapade hors du temps, que pouvait s'octroyer ainsi un jeune homme sous les drapeaux, laissait donc un goût amer : la France décidément n'était plus capable

---

1. Pierre Pelissier prépare une vie de Robert Brasillach à paraître en 1988 (Denoël).

que de déchirures, d'exclusions, de rancunes. Mais n'en était-il pas ainsi depuis 1934. Toute cette avant-guerre troublée et troublante, les quatre années frileuses et timides après lesquelles il fallait bien vite rejoindre le clan des vainqueurs, puis le drame indochinois avant la tragédie algérienne. Une nation qui n'avait plus que la vocation du déclin ; qui n'aimait pas plus ses guerriers, voulant lui conserver Empire et Grandeur, qu'elle n'avait supporté, hier, ceux qui n'empruntaient pas les sentiers battus... De vieilles habitudes qui ont fait sourire Brasillach, qui l'ont agacé, avant de le tuer.

Et cette fois, c'est son œuvre que l'on voulait assassiner. Et voilà pourquoi ce mois de décembre 1957 a semblé injuste, cruel, amer, à un jeune soldat de vingt-deux ans.

Le plus étrange, peut-être, c'est que je ne connaissais rien de cette *Reine de Césarée*, pas même son premier titre qui était *Bérénice.*

Brasillach, pour moi, c'était autre chose. Un romancier certes, l'historien du cinéma aussi. Mais beaucoup plus encore. Un monde de fraîcheur, de pureté, un univers de poésie et de fraternité, le talent d'un magicien à la plume enchantée.

A l'époque, les rééditions de ses livres se multipliaient. Plon, sur ses catalogues, avait rendu la place qui revenait de droit à un auteur qui lui avait réservé l'essentiel de son œuvre. Les éditions du « Club », si importantes dans les années cinquante, allaient contribuer à cette renaissance. Et, à vingt ans, sans rien connaître des sombres années antérieures, il était possible de se rassasier des romans de Brasillach. *Comme le temps passe, Les Sept couleurs* étaient déjà plus que des références, des livres aux pages écornées, aux dos brisés. Des œuvres qui imposent un homme, un auteur, le placent au-dessus de toutes les mêlées.

Il y avait aussi cette *Histoire du cinéma* — l'édition Martel, en deux volumes, celle de 1954 —, bible lue et relue ; feuilletée, avant puis après chaque soirée passée à la cinémathèque, celle de la rue d'Ulm, à deux pas de Normale Sup', à trois pas de la rue Rataud... une salle que rendaient insupportable les réactions d'une assistance qui n'aimait le cinématographe que porteur de message ou d'idéologie.

A vingt ans tout juste dépassés, c'était cela Brasillach. Le cinéma et les romans de l'amitié, de la jeunesse ; au regard pur ; avec, en filigrane, la peur des adultes ou plus exactement du monde des adultes. Une sorte de grand frère sachant si bien décrire des amours qui, finalement, étaient rarement heureuses. Le peintre si habile à reproduire les atmosphères qui feront le succès de René Clair, pour *Le Million* ou *Sous les toits de Paris* ; de Renoir aussi qu'il aimait moins, tout en reconnaissant le charme du *Crime de M. Lange* et la poésie de *La Partie de campagne* et que seul, peut-être, Jacques Becker aurait pu mettre en images.

Et, avec la *Reine de Césarée*, le voici, en cet hiver 1957, jeté une nouvelle fois en pâture à la vindicte populaire, victime de la perpétuelle guerre que se font, avec une belle constance, deux visions de la France.

Mais, pourquoi, trente ans plus tard écrire sur Brasillach ?

La passion assurément et un sentiment presque indéfinissable qui peut s'appeler, par simplification, la reconnaissance. Les contraintes d'une carrière sûrement, qui laisse moins de place que souhaitée à l'écriture et à la recherche.

L'attente de la maturité aussi. L'humilité enfin. Car après *Présence de Virgile* qu'achevait Brasillach pour sa vingt-deuxième année ; après ce *Corneille* qui restera, à tout jamais, pour les biographes le travail le plus achevé, un modèle dans un genre qui n'en a guère besoin en théorie, chacun doit se sentir humble, presque respectueux.

Reste l'engagement politique.

Inutile de souligner encore que les circonstances de cet hiver 1957 semblaient créées tout spécialement pour attirer l'attention — et la passion — de ceux qui, par leur âge, avaient ignoré ou négligé le rôle du polémiste Brasillach. Ceux-là avaient donc envie de comprendre, c'est-à-dire d'explorer une époque qui n'était pas la leur. Et, les années passées, il arrive que les curiosités ne soient pas rassasiées, mais que l'on ait compris que condamner un homme c'était aussi, et avant tout, condamner un régime ou une époque, car sans les uns quel aurait été le destin de l'autre.

Et là, puisqu'il faut expliquer ce besoin d'écrire sur Brasillach, se nouent d'autres liens.

La biographie à venir a été précédée de deux autres livres : un *Philippe Pétain*[2] puis un *Emile de Girardin*[3]. Qui ont, l'un comme l'autre, plus de correspondance qu'il n'apparaît avec le futur *Robert Brasillach*[4].

Emile de Girardin, inventeur de la presse moderne, journaliste de génie, trop en avance sur son temps pour être apprécié de son vivant, s'est égaré hors de la presse. Séduit par les sirènes, qui savent si bien chanter les louanges du pouvoir, il n'a rêvé que de ministères et de gouvernement. Au point de s'y perdre.

Pétain, couvert de gloire, qui avait sauvé la Nation aux heures de détresse et forgé sa légende dans l'enfer de Verdun, avait aspiré, l'âge venant, à la griserie des honneurs puis à l'ivresse des pouvoirs ; trop tard pour être capable de sortir indemne de cette attirance pour la politique.

Deux carrières que les événements et les passions allaient pousser hors de leur destinée toute tracée et déjà achevée. Deux détournements de carrière par ins-

---

2. *Philippe Pétain* (Hachette, 1980).
3. *Emile de Girardin, Prince de la Presse* (Denoël, 1985), Prix Napoléon III, 1986.
4. En préparation pour Denoël.

piration et par passion, qui font, de leurs héros, les cousins de Robert Brasillach.

Car, lui aussi, poète, homme de rêve et de création romanesque, homme de l'art d'écrire, aurait pu se contenter des lauriers coupés dès ses vingt ans. Si d'autres attirances, fruits de son temps, ne l'avaient conduit vers la politique.

Est-ce vraiment une erreur ?

Rien n'est moins sûr. Tout au moins pour l'auteur qui nous présente Virgile tel qu'il a été : le chantre de la nation romaine et le poète au service d'un régime politique. Qui nous montre en Corneille le peintre du devoir et de la grandeur ; bref fasciste avant l'heure si l'on se contente, pour définir cette idéologie, d'idées non pas simples mais simplistes. Puis il y a Chénier, autre victime de l'intolérance...

Et l'époque... Ces années d'avant-guerre où l'idéologie dominante n'était pas celle qui tente de régenter les milieux intellectuels depuis la mort de Brasillach. Ces années sombres aussi, où les rares hommes à s'être engagés ont choisis des camps adverses, laissant l'immense majorité de la nation attendre le dénouement pour voler à l'aide des vainqueurs et assassiner les vaincus. Ces lendemains amers, où après avoir tué l'auteur, il fallait, en plus, détruire l'œuvre...

Il est mort avant son trente-sixième anniversaire. Et nous garderons de lui l'image qu'il aurait souhaité. Car il nous laisse ses chefs-d'œuvre, sans avoir connu ce qu'il craignait le plus — il l'a écrit — ni les dents jaunies, ni la silhouette ventripotente, ni les eaux minérales. Surtout pas les honneurs. Ce qui ne l'empêchera pas d'être, à tout jamais, un des très grands de la littérature française.

P. P.

Maurice Bardèche

Une autre image de Brasillach[1]

Je suis toujours embarrassé et comme paralysé quand on me demande de parler de Robert Brasillach. Bien sûr, il est naturel qu'on m'interroge. Je suis un témoin, celui qui a vu, qui sait. Mais en même temps, par affection, un témoin trop favorable, qu'on ne peut pas laisser parler seul. Pourtant, ce n'est pas seulement cette prévention évidente qui me retient. Un des motifs de mon hésitation, c'est que je ne me sens pas sur la même longueur d'onde que ceux qui m'écoutent ou qui me lisent. Même lorsqu'ils ont de la sympathie ou de l'admiration pour Robert Brasillach. Car ils attendent tous que je le défende. Or, je n'éprouve pas le besoin de défendre Robert Brasillach parce que, véritablement, je ne trouve rien d'aberrant ni même d'étonnant dans sa conduite. Je ne peux pas le défendre en disant qu'il était généreux, sensible, secret, et que je vais expliquer comment il a pu devenir un adversaire intransigeant car il était naturel qu'il le fût et il avait le devoir de l'être, et je ne peux pas le défendre non plus en approuvant ou en excusant son « engagement politique », car je ne

---

1. Ce texte de Maurice Bardèche, écrit en 1985, pour le 40ᵉ anniversaire de la mort de Robert Brasillach, a paru dans *Rivarol* du 1ᵉʳ février 1985.

ressens absolument pas son attitude comme un « engagement politique », je la vois comme un simple choix, non de politique, mais de bon sens.

Assurément, tout cela demande quelques précisions. Je crois que ce qui rend le dialogue difficile, même avec des gens de bonne foi et il y en a, c'est qu'on nous a habitués à parler des années de la guerre avec un vocabulaire imposé qui travestit la réalité et qui fait paraître paradoxales les explications qui décrivent les sentiments et les faits tels qu'ils furent.

L'âme de Robert Brasillach, il est très facile de la sentir, non seulement dans ses romans, mais dans sa critique et dans sa manière d'écrire. L'intelligence, la tendresse, la pudeur des sentiments, la bonté, on les perçoit tout de suite, c'est comme un air frais sur tout ce qu'il écrit. Comme un enfant qui a trouvé une bille d'agate, il est émerveillé par tout ce que lui présentent la vie, le soleil, la mer, la jeunesse, les livres, le théâtre, les images. Et il explique aux autres, il explique à Vendredi comme tout cela est beau. Il vit dans une île : dans une île où tous les arbres portent de beaux fruits. Et il n'a pas eu le temps de voir les vallées sombres qu'il y a aussi dans l'île. Dans ses romans, même dans ses critiques, il est comme un jeune animal qui s'approche de l'eau du grand fleuve, qui la goûte, mais qui ne s'avance pas dans le lourd courant où les barques chavirent. Ses vrais romans, ceux où il a été vraiment lui-même, sont antérieurs à 1939 : il n'avait pas trente ans. Tout ce que nous pouvons dire de lui comme écrivain, c'est qu'il avait à peine commencé à écrire quand il est mort, à peine commencé à vivre.

C'est cette joie de vivre qui attirait vers lui. Tous ceux qui l'ont connu étaient séduits par sa gaîté, il donnait dans tout ce qu'il écrivait l'impression d'être heureux : et, en même temps, de sentir au fond de lui-même la fragilité du bonheur. Cette disposition à l'affection et à la joie était toujours menacée, il le savait : parce que toute affection expose, elle est un risque. Joli bateau, joyeuse sortie du port, mais le capitaine sait qu'il faudra affronter le gros temps. Son charme, c'était cette gaîté, mais sans illusions, ce qu'il y avait de secret en lui, qu'il ne disait jamais.

Cette brillante sortie du port, le bon vent, c'était ses premières années. Normalien brillant, critique littéraire qui, à vingt-deux ans, faisait déjà autorité, ayant sa boutique, ses premiers romans bien accueillis, des connaissances qui paraissaient encyclopédiques, des dons exceptionnels, tout le désignait pour être un des chefs de file de sa génération. Mais il y avait dans l'île de Robinson, un Catalan brun, passionné, exigeant, qu'on n'entrevoyait que par instants. C'est le dégoût qui fit naître tout à coup cet inconnu qui se cachait sous le déguisement d'Orphée.

Robert Brasillach était fils d'officier. On oublie trop souvent cette filiation dans ses biographies. Son père, sorti de Saint-Cyr, avait choisi un poste à risques, les troupes coloniales au Maroc. Il fut tué en novembre 1914 dans un raid contre des tribus insoumises. Son fils avait cinq ans. On ne sait pas grand-chose de ses âmes de cinq ans. « Mon père, ce héros... » Comment fut-il marqué par ce souvenir ? Il lui ressemblait. Personne ne pouvait deviner cette ressemblance dans la bonne figure ronde de Robert Brasillach, tout espagnole, toute joyeuse. Mais j'ai une photographie de lui à quinze ans. Le masque est très différent, mince, résolu, ferme, le visage même de son père, avec une nuance, la bonté qu'on pouvait lire dans le dessin des lèvres. Il y avait en lui un lieutenant de l'infanterie de marine : ce fut ce lieutenant inconnu qui, un jour, se dévoila.

Le dégoût : ceux qui ne connaissent les années 1930 que par les livres ne peuvent pas imaginer cette nappe de bitume qui recouvrit tout d'un coup la vie publique. Une marée noire qui souillait tout, écœurait : il faut beaucoup de colère pour faire surgir cette unanimité soudaine, cette mobilisation qui jeta tout le monde dans la rue le 6 février 1934. La fusillade de la place de la Concorde fut un lever de rideau. Tout le monde comprit qu'une pièce allait se jouer dans laquelle il fallait tenir son rôle. Les élections de 1936 qui portèrent au pouvoir le Front Populaire firent apparaître les enjeux. Quand l'assassinat de Calvo Sotelo marqua le début de la guerre civile d'Espagne, il devint clair qu'il fallait accepter ou refuser la bolchévisation de l'Europe, rampante d'abord, guerrière ensuite à coup sûr, la carte le montrait.

D'immenses projecteurs éclairaient alors la scène. Orphée est mort. Il était mort partout : pas seulement dans l'âme de Brasillach, mais dans toutes les âmes. Les écrivains portèrent un uniforme. La Seconde Guerre mondiale avait déjà commencé pour eux. Ils servaient dans l'une ou l'autre des armées en présence. On ne jugeait plus les œuvres sur ce qu'elles étaient, mais sur ce qu'elles apportaient. Enterrés dans leurs blockhaus de presse, les écrivains manœuvraient des bombardes. Dans cette bataille d'artillerie, Brasillach était lieutenant dans un petit fortin avancé qui s'appelait *Je suis partout,* dont le chef de poste était Pierre Gaxotte. La dernière bataille dura un an. Il s'agissait d'éviter la guerre. Maurras, mausolée de granit dont le portique tournait le dos à l'histoire, fut la citadelle inoubliable de ce combat désespéré. Le parti de la guerre gagna. Tout était perdu.

Brasillach, combattant de cette guerre à laquelle il ne s'associait pas, fut fait prisonnier comme des milliers d'autres dans une débâcle contre laquelle il ne pouvait plus rien. Officier scrupuleux, il avait rejoint follement par le « dernier train vers l'Est » le fort déjà condamné où il accomplissait depuis six mois son service inutile. L'armée à laquelle il appartenait fut désarmée au moment de l'armistice et transférée en captivité. Il fut interné en Westphalie au camp de Soest. Il revint de captivité au mois de mai 1941, libéré sur la demande du gouvernement français qui l'avait réclamé pour lui confier le Commissariat général au cinéma. Il n'occupa ce poste que deux mois. Les services allemands de l'hôtel Majestic avaient compris très vite qu'il serait un interlocuteur peu complaisant. Ils lui refusèrent le visa qui permettait de franchir la ligne de démarcation. Il démissionna à la suite de ce refus.

Cette démission le rendait libre. Que fallait-il faire ? Comme son père, il choisit le poste le plus exposé. Il revint à Paris où Charles Lesca avait obtenu l'autorisation de faire reparaître *Je suis partout.* On lui demanda d'être rédacteur en chef du journal. Tout cela était simple, normal : et dangereux. Mais où était le devoir ? Là où il y a un risque. Partout ailleurs on est fonctionnaire. Le danger était de n'être pas compris. L'idée du devoir l'emporta. Il pensait qu'on pouvait regagner dans la défaite ce qu'on avait perdu par la guerre. C'était une autre mission.

Dans l'imagerie fausse qu'on nous impose, depuis quarante ans, de ces années d'occupation, cette décision est peu compréhensible. A cette époque, elle était aussi naturelle que celle de demander à servir en première ligne en 1915. Nous parlons aujourd'hui de « pétainistes ». Ce mot n'avait pas cours en 1941. Toute la France admirait le Maréchal, avait confiance en lui. On attendait de lui pour le présent le retour des prisonniers, pour l'avenir des conditions de paix acceptables. Aider à cette tâche, sans en méconnaître les difficultés, c'était la même que tenir un poste en bordure du Rif : pas confortable, pas sûr, des traquenards sur toutes les pistes du bled. Servir, ça ne se fait pas toujours au son du clairon, à la tête d'une compagnie de zouaves.

L'invasion de l'U.R.S.S. changea tout. Le parti communiste s'était d'abord tenu en dehors de la guerre. Quand l'U.R.S.S. fut attaquée, il se déclara en état de guerre avec l'Allemagne. Les provocations, les meurtres, le sabotage commencèrent. La mission des communistes fut alors de frapper à mort la politique de rappro-

chement avec l'Allemagne, d'en rendre la réalisation
impossible. Leurs armes dans ce combat furent les attentats et la terreur. Dans notre imagerie falsifiée de la
guerre, les communistes se sont nommés des « patrio-
tes », ils ont fabriqué la légende d'une « France com-
battante » qui reprenait les armes. En réalité, ceux qui
ont vécu ce temps et qui en ont gardé un souvenir exact,
ne les nommaient ni des « combattants » ni des « patrio-
tes », ils les nommaient des « terroristes ». Les armes,
les méthodes employées causaient dans l'opinion le même
choc, faisaient les mêmes victimes innocentes qu'aujourd'hui les « opérations » d'Action directe ou de la
Fraction Armée rouge.

Et Churchill voulait « déstabiliser », lui aussi, l'équilibre précaire dans lequel les Français s'étaient établis.
Le vocabulaire d'une époque transcrit les représentations
mentales des acteurs de cette époque. Il n'est pas indif-
férent de savoir que les mots de « résistants », de
« francs-tireurs », de « partisans » n'ont fait leur appa-
rition dans la langue des Français qu'à partir de l'été de
1944 : c'est une terminologie politique qu'on a inscrite
de force dans des cervelles malléables.

Bien sûr, en beaucoup de points, il y eut des différences : c'est évident. C'est l'effet sur l'opinion qui était
comparable.

Je constate seulement un fait linguistique. Je laisse de
côté les conséquences qu'on peut en tirer. Ce n'est pas
mon sujet. Je vois seulement ceci, et tout le monde peut
le voir avec moi : quand une idée triomphe, elle fait
porter à tout le monde son uniforme mental par l'emploi de mots nouveaux. Puis elle juge et condamne au
nom de ces mots. Que répondront nos journalistes si
les « terroristes » qu'ils insultent deviennent les héros
et les juges de demain ?

Que ceux qui s'indignent du terrorisme actuel comprennent donc ce que put être l'indignation, non des
journaux, mais de tous ceux qui étaient les spectateurs

quotidiens de ces faits. Les mots que nous employons aujourd'hui quand la télévision nous transmet des images analogues leur feront peut-être paraître moins excessifs les articles écrits pendant la guerre par Brasillach. Ajoutons encore ceci qui est essentiel et qu'on a oublié aussi : personne, à l'époque de l'occupation, ne savait ce qui se passait dans les camps de concentration qui ne furent découverts qu'en mars 1945, personne, pas même les juifs, ne soupçonnait une politique d'extermination ; tout le monde croyait, et probablement les Allemands aussi, qu'il s'agissait d'un transfert des juifs en vue d'un regroupement futur. Et peut-être était-ce vrai ?

Tout cela est essentiel. On ne peut comprendre une époque si l'on travestit les représentations mentales des acteurs de cette époque et les informations dont ils disposaient.

Robert Brasillach quitta *Je suis partout* à la suite d'une crise dramatique en septembre 1943 après le débarquement des Alliés en Italie. Il refusait de soutenir dans ce journal une ligne politique excluant toute autre hypothèse que la victoire de l'Allemagne. Une lettre à Rebatet pendant cette semaine de crise exprime bien ce qui le séparait de ses amis. « Je suis Français, lui disait-il, plus que national-socialiste. »

Je crois qu'il souhaitait cesser d'écrire des articles après cette rupture. Les attaques de ses anciens amis qui l'accusaient de désertion contrarièrent cette intention. Il écrivit encore des articles dans *Révolution nationale*, ils alternaient avec ceux de Drieu La Rochelle. Ces articles ne définissaient plus une ligne politique. Ils décrivaient un désespoir. Ce furent ceux qu'on lui reprocha le plus au moment de son procès.

Il avait refusé de quitter la France. Il possédait chez une amie, inconnue de tous, une retraite dans laquelle il pouvait s'abriter longtemps. L'arrestation de sa mère qu'il adorait l'amena à se constituer prisonnier. Il passa quelque temps au camp de Noisy-le-Sec, puis il fut trans-

féré à Fresnes. Son procès eut lieu le 19 janvier 1945.
Il ne dura qu'un après-midi. Le réquisitoire consistait en
citations d'articles. Il n'y avait pas de témoins. Jacques
Isorni prononça une plaidoirie émouvante. L'avocat
général s'adressant aux jurés leur donna à choisir entre
l'acquittement et la mort. Ils choisirent la mort. Le
recours en grâce fut rejeté.

Il y eut, après cette mort, un silence. Tout le monde
sembla en sentir l'horreur. Ceux-là mêmes qui l'avaient
tant demandée se turent. A partir de ce moment, on ne
fusilla plus pour se venger de ce qui avait été écrit.

Je ne vois rien dans les articles de Robert Brasillach
pendant cette période que je me sente en devoir de
désavouer. On détache dans ces articles des phrases
qu'on isole de leur contexte ou dont on dénature le sens.
Ce sont les méthodes habituelles de la haine et de la
calomnie. On espère par la diffusion de tels extraits
dénaturer ce qui fut. En réalité, ceux qui ont connu les
années de l'occupation autrement que par les présenta-
tions de la propagande savent qu'il a été la voix de milliers de Français qui pensaient comme lui. Qui repous-
saient comme lui, et avec la même fermeté, le terrorisme
et le sabotage. Qui demandaient comme lui la sévérité
que nous demandons aujourd'hui contre ceux qui en
dirigent les coups. Son indignation me paraît naturelle.
Elle est la forme de patriotisme de ceux qui préfèrent
leur pays à l'image mystique qu'on fabrique de leur
pays. C'est à cette forme de patriotisme qu'on a voulu
imposer silence en faisant sur lui un exemple. Depuis
ce jour, on n'a le droit de servir son pays qu'en mar-
chant au pas derrière la musique.

C'est pourquoi je ne comprends pas davantage l'expression d' « engagement politique » dont on parle souvent à propos de Brasillach. Le fascisme n'était pour lui
qu'une certaine attitude. Il représentait pour lui le courage, la loyauté, l'union avec le peuple et l'union de
tout le peuple, la santé. Il n'en connaissait pas les doc-

trines. Il voyait des hommes, une volonté, un peuple : dans la politique de rapprochement un avenir. Quand il parlait du fascisme, ce n'était pas chez lui un « engagement politique », c'était une aspiration vers autre chose que l'air fétide que nous avions respiré.

Les événements de 1941 montrèrent l'enjeu véritable de la guerre. Etait-ce un « engagement politique » que de regarder la carte et comment regarder la carte sans être consterné par l'effondrement de l'Allemagne et par l'hégémonie d'une Russie toute-puissante sur une Europe divisée ? L' « engagement politique », il était évidemment le fait de ceux qui acceptèrent par irréflexion ou par prévention cette éventualité redoutable. La refuser, c'était simplement du bon sens. Je ne parviens pas à trouver d'autre mot.

Je ne sais pas ce que Robert Brasillach aurait pensé, ce qu'il aurait écrit s'il avait vécu. Même quand je reconstitue sa pensée, je crains toujours de substituer mes sentiments aux siens. Est-ce moi que je décris ou est-ce lui ? Est-ce un rêve que je fais sur lui ? C'est pourquoi j'ai tant d'hésitation à parler de lui. Je ne veux pas imposer ma voix, et, en même temps, je souffre des choses qui me semblent fausses et qu'on dit parfois de lui. C'est seulement par exception que je puis parler de lui. Je ressens cela comme un devoir, mais aussi comme une sorte d'indélicatesse. Renan disait dans la préface de ses *Souvenirs d'enfance et de jeunesse* : « Je ne dois pas exposer une mémoire qui m'est sainte aux jugements rogues qui font partie du droit qu'on acquiert sur un livre en l'achetant. » C'est un sentiment que je comprends.

M. B.

Maurice Bardèche

Les cahiers des amis de Robert Brasillach

Aux lecteurs qui feront connaissance avec Robert Brasillach en lisant cette revue, il nous paraît utile de faire connaître l'existence des *Cahiers des Amis de Robert Brasillach* qui publie chaque année depuis trente-six ans, un important numéro annuel contenant des inédits de Robert Brasillach, des renseignements biographiques et des études critiques.

Le premier numéro des *Cahiers des Amis de Robert Brasillach* a paru le 15 juin 1950 deux ans et demi après la fondation à Lausanne de l'Association des Amis de Robert Brasillach, le 18 décembre 1948. Cette idée était née d'un article publié dans une petite revue d'anciens étudiants par l'un d'entre eux, Pierre Favre. Cet article paru en 1948 provoque tant de témoignages d'intérêt que Pierre Favre, assisté d'un jeune avocat de Lausanne, Mᵉ André Martin et de Pascal Quartier eurent l'idée d'une association. Des personnalités helvétiques rejoignirent vite ce groupe, Mme Ferdinand Holder, de Genève, veuve d'un peintre suisse célèbre, Germain Colladon, descendant d'une antique famille génevoise, Gonzague de Reynold, le professeur Lombard, de Neuchatel, Alphonse Raviola, de Lausanne. Des amis étrangers apportèrent leur appui, en Italie Mme Mario d'Anunzio, en France Jean Anouilh et Marcel Aymé, Jean de la Varende, le professeur Rafaelo di Lauro. Plus tard, l'Association reçut l'adhésion de Pierre Fresnay, de Roger Nimier, d'Alexandre Sanguinetti, de Jean Biaggi, d'Odette Moreau qui avait été déportée pour avoir défendu le communiste Jean Pieri devant un tribunal allemand, du comte de Suzannet, de Raymond de Bony de Lavergue, puis de Gaston Baty, de Jean Madiran, de François Brigneau.

Dès le premier numéro, Pierre Favre, en présentant les *Cahiers des Amis de Robert Brasillach*, précisait : « Notre dessein n'est pas politique et s'écarte résolument des chemins partisans. » La même préoccupation était exprimée à nouveau dans le compte rendu de l'Association qui parut dans le n° 3 : « Notre effort est probe et désintéressé et c'est à cela que nous vous demandons de vous employer. »

En trente-six ans les *Cahiers des Amis de Robert Brasillach* ont publié de nombreux textes alors inédits qui ont été repris seulement en 1966 dans la belle édition des *Œuvres Complètes* en douze volumes en in-8° publiée par le Club de l'Honnête Homme, épuisés depuis longtemps. Des études, des souvenirs, des documents, des extraits ont été publiés en grand nombre dans les trente-trois volumes qui composent aujourd'hui la collection des Cahiers. Ainsi a été réunie une riche documentation dans laquelle ont pu puiser les chercheurs universitaires qui s'intéressent depuis quelques années à l'œuvre de Robert Brasillach. Cet effort a atténué les effets du silence qu'on peut remarquer dans les manuels scolaires et les médias. Egalement, grâce au prix Robert Brasillach décerné par l'Association, des étudiants ont pu être informés. Depuis vingt ans, différents aspects de l'œuvre de Robert Brasillach ont pu être étudiés dans les mémoires des diplômes des principales universités.

Les *Cahiers des Amis de Robert Brasillach* sont un répertoire de documents, de jugements et de souvenirs.

Ils sont destinés à combler une lacune de l'information. Est-il légitime de s'en inquiéter, de la croire exposée à une dérive hagiographique ? De nombreuses revues du même genre existent et pour des écrivains beaucoup plus illustres et incontestés. Ces revues qui exigent de leurs directeurs et de leurs rédacteurs des recherches désintéressées, souvent longues et difficiles, ont toutes pour objet de servir un écrivain. Personne ne s'en étonne et n'en fait un reproche. Pourquoi faudrait-il réserver ce reproche aux *Cahiers des Amis de Robert Brasillach* parce qu'un sentiment de regret et de piété, que les circonstances rendaient légitimes, a été à l'origine de leur fondation ?

M. B.

Fred Kupferman

« *On ne badine pas avec le destin* »[1]

(Robert Brasillach, 2 octobre 1942.)

« Il faut se séparer des juifs en bloc et ne pas garder de petits, l'humanité est ici d'accord avec la sagesse. » Cette phrase, tiré d'un article paru dans *Je suis partout* le 25 septembre 1942, suit Brasillach jusqu'à son procès. Elle fait de lui, comme de Pierre Laval, qui a proposé le 6 juillet 1942 « la déportation des enfants âgés de moins de seize ans », un complice approbateur de départs vers Auschwitz de huit mille enfants. Alors que Laval prétend agir pour ne pas séparer les familles et adoucir le sort d'enfants qui réclament les parents partis avant eux, alors que Brasillach lui-même, très ardent soutien de Laval en septembre 1942, croit faire preuve de modération dans son antisémitisme, l'acte fatal, la phrase accusatrice reviennent en boomerang pour les frapper. Car deux mille enfants de moins de six ans, six mille de moins de treize ans ont été déportés à Auschwitz, et aucun n'est revenu.

Que peut voir, que peut savoir un journaliste collaborateur fort occupé des activités de son cénacle mais

---

1. En avril 1987, Fred Kupferman publie *Laval* (édit. Belfond). Son texte, comme l'article de Pierre-Serge Choumoff, précise la part de grief qu'on peut retenir contre Robert Brasillach antisémite.

qui se mêle de grande politique dans les articles qu'il donne à *Je suis partout* ? Si l'on feuillette la collection de cet automne 1942, on s'aperçoit que Brasillach n'a parlé qu'en passant, et en s'indignant que la hiérarchie catholique en fasse un monde, du transfert des juifs étrangers en zone occupée, des brutalités de la séparation — « qui sont le fait de policiers provocateurs » — enfin de la solution Laval, acceptée par les nazis. Il ne reviendra plus sur l'incident, sauf pour s'en prendre à Mgr Saliège, l'archevêque « judéophile » de Toulouse. Son cœur est ailleurs. Le 18 septembre, il pleure la mort d'un ami allemand, Karl Heinz Bremer, transféré sur le front de l'Est : « Tu surgiras toujours, pour nous, jeune Siegfried vainqueur des sortilèges... » Son esprit est ailleurs. Le 2 octobre, il vante « les efforts patients et admirables de Pierre Laval pour assurer à la France la meilleure paix » et déplore la grande conspiration de l'armée Weygand-Giraud, de l'Eglise, des revenants Herriot et Jeanneney contre la collaboration d'Etat. C'est dire qu'il a déjà oublié et sa phrase et les enfants partis dans des wagons plombés.

La collaboration parisienne n'est pas invitée aux délibérations entre les instances de la police française et celle du S.D. Elle a approuvé la nomination d'un antisémite de choc, Darquier de Pellepoix, au Commissariat général aux questions juives, mais Darquier est un ultra, toujours prêt à dépasser ses instructions. Les collaborateurs de Paris mettent un bémol sur la critique de Vichy depuis que Laval s'est vigoureusement engagé sur l'essentiel. On n'entre pas dans les détails. A part *l'Appel* et *Au Pilori*, qui font du sujet juif leur spécialité, on n'a rien dit ou très peu dit de la grande rafle de la mi-juillet 1942, et des transferts qui ont suivi, en août et septembre, parce que Vichy a livré, en puisant dans le vivier des camps, des contingents supplémentaires de juifs étrangers à déporter, pour compenser le demi-échec des arrestations en région parisienne. La collaboration retient et approuve le marquage par l'étoile jaune, elle plaide pour l'envoi des juifs dans des camps de travail, elle serait de cœur avec les raisons données par Laval au pasteur Boegner qui vient protester contre la déportation des juifs étrangers : « C'est une mesure prophylactique. » De l'extermination, il n'est pas question. Secret de l'Etat allemand, le mieux gardé.

A Paris même, ou bien dans les villes de province où l'on opère des rafles, la barbarie ne s'est pas totalement cachée. Aux termes du marché du 6 juillet 1942, à la place de 8 800 juifs français âgés de seize à quarante-cinq ans et plus, il appartient à la police française d'aller chercher des enfants, de deux à seize ans, qui ont le malheur d'être nés dans une famille étrangère. Ils devraient être défendus comme des Français, puisqu'ils sont nés en France et sont donc français de naissance par suite de la déclaration des parents. Mais quand la loi gêne, on la piétine. Dans le cadre de la grande politique d'entente, il est nécessaire que des enfants soient embarqués dans les autobus verts de la T.C.R.P., qui les mènent à Drancy, ou poussés à Lyon-Venissieux, dans les wagons où des gendarmes pressés d'en finir avec une pénible corvée, les entassent pour l'envoi vers Pithiviers et Beaune-la-Rolande, antichambres d'Auschwitz.

La Croix Rouge, l'Y.M.C.A., la Cimade protestante, les gendarmes ont quelques lumières sur les embarquements, sur les conditions épouvantables de l'attente à Drancy, où les enfants, chiens perdus sans collier, malades, en proie aux cauchemars attendent presque avec impatience le moment où ils rejoindront leurs parents. Ni Brasillach, ni Laval, ne s'informent beaucoup sur l' « Etat juif en Pologne » où devraient être rassemblés, disent les nazis, tous les indésirables de l'Europe allemande. Ils évacuent la fugitive inquiétude. Même Brasillach, qui se tient pour un national-socialiste français, n'est pas engagé dans la guerre totale contre les juifs.

Mais les nazis le sont, eux. On imagine qu'ils n'iront pas au bout de menaces restées vagues, et quand on se nomme Brasillach, on fréquente les Allemands cultivés, pas les transporteurs de la mort. On se sent des affinités avec Karl Epting, on n'a pas recherché l'occasion de se faire présenter, lors de son passage à Paris, au spécialiste Eichmann.

Parlant de la disparition, presque pas remarquée en 1942, des convois d'enfants juifs, pris dans des rafles de la police française, gardés par des gendarmes français, transportés par des cheminots français, dont un seul refusera d'assurer ce lugubre service, l'historien canadien, Michael R. Marrus écrit : « Ce n'est ni le fanatisme ni la haine qui ont lancé l'appareil de l'Etat français contre les enfants juifs, c'est tout bêtement l'indifférence. Deux années de discrimination officielle avaient érigé une barrière morale entre les juifs et le reste de la société française. S'étant accoutumés à considérer les juifs comme des parias, les hommes de Vichy ont fini par traiter les personnes comme des objets. » Quand vient le jour du procès, et que l'on donne lecture de l'article innocemment meurtrier, l'accusé se secoue, et ne trouve ni dans sa mémoire, ni dans sa conscience les faits qui le mettraient en accord avec ses juges. Le tribunal et le collaborateur ne parlent pas la même langue. Cela finit quand même par l'exécution. On ne badine pas avec le destin.

F. K.

Communication
de Pierre-Serge Choumoff [1]

Vous avez voulu interroger l'ancien otage des Allemands que je suis sur l'engagement politique de Robert
Brasillach.

Un malentendu fondamental est, en effet, entretenu
autour de son destin : la confusion, entre l'homme de
lettres dont je ne prétends pas juger le talent, et le polémiste redoutable, est bien résumée par une de ses propres formules « le fascisme..., c'est la poésie même du
xxᵉ siècle » !

La critique littéraire ne peut s'appliquer ni à la
forme, ni au contenu de beaucoup de ses écrits, non
parce qu'ils sont souvent immondes, mais simplement
parce qu'ils sont ceux d'un pamphlétaire voué au combat politique. Se réclamant d'un fascisme provocateur,
Brasillach apparaît viscéralement antirépublicain, antisémite avec passion bien que lui-même parlât d'antisémitisme de raison, xénophobe virulent. Il cherchait à
influencer les générations montantes en prônant la haine.
Je suis partout, dont il fut le rédacteur en chef récla-
mait dès l'avant-guerre que l'on fusillât Mandel, pour

1. Ancien déporté « N-N » et co-auteur de l'ouvrage *Chambre à
gaz, secret d'État*, éd. de Minuit.

ne m'en tenir qu'à lui. Brasillach renouvellera cet appel
de mort au temps des Allemands et de la Milice. Cette
fois il sera entendu. C'est alors qu'il clamera « son
affection fraternelle pour les soldats allemands... ses
copains du même sang », au moment où il traitait de
bandits les gaullistes, les Résistants communistes, les
réfractaires, les maquisards. Une certaine jeunesse et
d'autres plus âgés furent certainement sensibles à ses
appels à la délation et au crime.

Les cas de Brasillach et d'autres, je les ressens avec
mes quarante mois d'emprisonnement, dont vingt-cinq
en camp de concentration. Mais mes souvenirs remontent plus loin dans le passé, en tant que lecteur assidu
de *L'Ordre* et d'Emile Buré. L'un des thèmes de *Je suis
partout*, de *Combat*, pour ne citer qu'eux, était d'envisager une victoire éventuelle de la France comme désas-
treuse, car elle aurait d'abord signifié celle des principes
républicains. Suivent des campagnes outrancières d'intolérance dans les temps où, sur le sol français, étaient
créés les premiers camps d'internement pour étrangers,
juifs ou réfugiés politiques, républicains espagnols.

Dès son retour à la vie politique sous l'occupation
allemande, Brasillach se déchaînera. Voici quelques citations de lui, bien connues déjà à l'époque de mon arrestation, en mars 1942 : « Montoire prendra son sens
français lorsque son image se profilera sur celle du
gibet de Montfaucon » (18-10-41)... « Ces hommes moralement complices (des auteurs d'attentats)... Qu'attend-
on pour les frapper ? Qu'attend-on pour fusiller les
députés communistes déjà emprisonnés ? » (25-10-41).
Mais surtout l'annonce par *Paris-Soir* du 16-12-41 de
l'arrestation de nombreux « éléments criminels judéo-
bolcheviks » et de l'exécution de cent personnes était
ainsi commenté le 20 décembre : « C'est sans remords,
mais au contraire plein d'une immense espérance que
nous vouons ces derniers au camp de concentration,
sinon au poteau », anathème que j'ai eu tout loisir de

méditer en prison, puis au Fort de Romainville, où, classé dans la catégorie des otages, d'août 1942 à avril 1943, je n'échappai que par miracle, le 21 septembre 1942, à l'exécution des cent seize.

Devant les cris de haine de ce Français concernant la lutte armée qui conduisait à l'insécurité des troupes d'occupation et à celle des collaborateurs, il faut opposer les attitudes, que nous connaissons maintenant, de deux des « Militärbefehlshaber » en France : le général Otto von Stülpnagel, dans son offre de démission en janvier 1942 (acceptée par Keitel) concluera : « Quant aux exécutions massives, je ne puis m'y résoudre en conscience, ni en accepter la responsabilité devant l'Histoire » et son successeur le général Heinrich von Stülpnagel exprimera, à son tour, en juillet 1942, son opposition à certaines mesures de représailles.

Quant au sort qui menaçait la communauté juive après une première arrestation de six mille juifs, dès la fin août 1941, dont toute la capitale ressentit l'horreur, le message de Hitler, repris dans *Paris-Soir* du 26 février 1942 est sans équivoque : « Cette guerre n'anéantira pas l'humanité aryenne mais l'élément juif » avec le sous-titre : « Les préparatifs sont en vue du règlement de compte définitif » (on peut maintenant établir la relation précise de cette annonce avec les conclusions de la fameuse conférence de Wannsee en janvier 1942).

Lorsque libérés en mai 1945, nous rentrerons en France encore sous l'horreur des « gazages » de ces deux mille d'entre nous à Mauthausen et Gusen au cours des semaines précédentes, nous apprendrons le jugement et l'exécution de Brasillach. Les appels à la clémence de certains nous paraîtront d'autant plus suspects que souvent suscités par d'anciens compagnons de pensée, même éphémères, de Brasillach, de l'avant-guerre ou de l'occupation. Sans aller jusqu'à ses outrances, mais à l'abri de leur ombre, ils surent être plus nuancés dans leur évolution ultérieure et nous les retrouvions non seulement

LES CAHIERS DU ROCHER

Les Cahiers du Rocher sont publiés
par les Éditions du Rocher,
28, rue Comte-Félix-Gastaldi
Monaco

Veuillez nous faire parvenir vos demandes d'ABONNE-
MENT sur papier libre en indiquant en lettres capitales
vos :

NOM
PRÉNOMS
ADRESSE (avec le code postal)
en joignant votre
RÈGLEMENT PAR CHÈQUE

Tarifs :

Abonnement pour 4 numéros (franco de port)
France :   340 F
Étranger : 370 F

Abonnement pour 8 numéros (franco de port)
France :   600 F
Étranger : 630 F

ACHEVÉ D'IMPRIMER
SUR LES PRESSES
DE L'IMPRIMERIE S.E.G.
33, RUE BÉRANGER
CHATILLON-SOUS-BAGNEUX

Dépôt légal : mars 1987.
N° d'Edition : CNE section commerce et industrie Monaco 19023
N° d'impression : L 21511
Numéro d'impression : 3647

6/5